次代に伝えたい日本文化の光と影

三浦清一郎 著

日本地域社会研究所

コミュニティ・ブックス

まえがき――「条件の公平」と「結果の平等」

長く教育に関わってきた筆者が、日本文化を勉強してみたいと思ったきっかけは、前から心に引っかかっていたある教育実践への反発であった。教育界では、すでに有名な話だが、小学校の運動会で「負ける子が可哀相だ」、ということで、みんなで手をつないでゴールさせたという先生方がいた。若かった自分は、体力、能力、努力の程度はもちろん、意欲、勇気など、人間は個々に異なるのに、かけっこの結果だけ平等にして何になるかと、どうにも納得できなかった。資質から生き方まで、個々人の違いを認めずに教育ができるか、と憤慨したのである。

しかし、今回、水利共同の歴史を調べてみて、自分の思いがいささか足りなかったと認めざるを得なかった。

筆者が体験した欧米文化は、「競争条件」の「公平」を重んじるが、結果に差異が生じるのは仕方がないと考える。個々人の資質が異なる以上、結果の差異は当然だろうと筆者も長く思っていた。むしろ、自由で公平な競争のできるアメリカに憧れていた。

それゆえ、手をつないでゴールさせる運動会の指導は、「自由で公平な競争」も「結果の差異」も正面から否定している。そんなバカなことがあるか、と思ったのである。

しかし、日本の稲作における「水利」の「共同」を読んだとき、農村共同体は、「水争い」という苦い歴史の教訓を経て、正しく「水の平等分配」を原則とする暮らし方を定着させたことを知った。まさしく、「水利共同文化」と呼ぶべき暮らしの原則である。水利共同文化は、競争を回避し、「結果の平等」を重んじるのである。

ある研究会で、自分が調べた「水利共同」文化の概要を発表しながら、日本人が「人並み」・「横並び」に強く拘ることも、「経済格差に納得しない」ことも、「水利共同文化」が原点であると遅まきながら気づいた。

日本の歌謡曲には、「幸せ」よりも「人並み」のほうが大事であると歌っている曲があるが、この発想もまた、「水利」における「平等分配」が原点であると気づいた。

このように考えれば、横並び発想も、人並み発想も、異質を嫌い、突出を嫌う感情も、文化的には水田・稲作に関わる「水利共同」を原点として生まれているに違いない。「出る杭」を打つのも、自分だけががんばろうとする人の「足を引っ張る」のも、「やっかみ文化」も稲作における水利共同の文化が原点であろう。稲作の水は、競争を許さない平等分配が原則なのである。

近年、経済効率を最優先して突っ走ってきた日本企業や日本の政治は「水利共同」の文化をどの程度理解しているであろうか。非正規雇用や派遣労働を導入し、終身雇用制や年功序列制を崩せば、必然的に日本人の「横並び」生活が崩壊する。「経済格差」が大きくなりすぎれば、「水利共同」・「平等分配」の原理に反するのである。

今や「子どもの貧困」は日本中の注目を浴びている。生活格差が人々の感情の許容範囲を超えて大きくなれば、怒りや恨みのガスが沈殿して、ときに噴出する。近年多発する反社会的犯罪のニュースを聞きながら、「格差」の拡大は日本国の社会病理の時限爆弾になるのではないかと恐れている。この時代に、「水争い」のような紛争を起こしてはなるまい。少しは「手をつないでゴールさせる」発想に戻らなくていいのだろうか、と思うようになった。

目次

Ⅰ 「きれいずき」の原点——無自覚で神道文化の中に生きてきた

1 「神棚」のない家で育った

先日、ある町の教育長さんが自宅へお見えになるというので、玄関と庭を掃き清めた。木の下の箒目が浮き立ち、我が庭ながら、木漏れ日が美しく見えた。

お客様が見える日は、独り者もがんばって掃除をする。だから、「おとこやもめ」の家もお客様が来るたびに、少しは綺麗になる。子どもの頃に、父にしつけられた作法が身について残っている。

東京大空襲の戦災で父は家財一切を失い、霞ヶ浦の辺りの母の実家のあった茨城へ引っ込んだ。数年の開墾暮らしを経て、現在の土浦市のはずれにある田舎町で細々と再起を図り、小さな薬局の店を開いた。昭和22年のことで、私は朝日村立本郷小学校に転入した。小学一年生だった。

東京大空襲で何もかも燃えてしまったので、我が家には、神棚も仏壇もなく、暮らしに追われた両親から宗教儀式を教わった記憶はない。父母は我々兄弟を食わせるのに精一杯だったに違いない。

瀬戸内寂聴氏は、「どこの家庭にも神棚や仏間など『聖域』があった」、「お年寄りが手を合わせるのも見ていた。叱られるのも仏間や神棚の前であった」（＊）と書いているが、自分はそういう経験を持てなかった。もちろん、その後日本人の生活様式も、家の建築様式も大きく変わってしまった。今では昔のような住環境の家はほとんどなくなったことだろう。それゆえ、日本は神のいない国になったと言う人もいる。

戦時中の無理が祟り、困窮の中で、母は身体を壊し、若くして世を去った。我が少年時代の一番の記憶は、父が再婚するまで、子どもながら父を支えてよく働いたことである。この時代に、「我慢」とか「勤勉」とか「協力」とか、人生の基本姿勢を身につけたような気がする。

子ども時代に、父母から宗教心を教えられた記憶はないが、母亡き後、生活が落ち着くと、父は先祖を供養し、「お寺さん」との付き合いを欠かしたことはなかった。寺から法要の知らせがあるたび、父に連れられて東京の寺に通った。覚えているわが家の宗教活動はその程度のことである。お盆も正月も、父は店を開け、特別な行事をしたことはなかった。末の弟が早逝した後、ようやくわが家に小さな仏壇がきたが、私はもう家を出た後だった。

子どもの頃の私の日常の義務は店や家の掃除である。父は戦後の苦難を乗り越え、私が終生憎んだ閉鎖的な田舎町で、薬局の店主として生き、そして死んだ。不満を言うのを聞いたことはない。振り返って、父は、どんなに我慢したことか、と思う！　いつも明るく振る舞い、店に来るお客には実に親切だった。ときには、医者代わりになって、面倒を見るので、田舎のファンもついた。私は命じられるままに、毎日、店先の掃除をし、表の硝子戸を拭いた。掃除は毎日の義務であった。

店の前は陸前浜街道と呼ばれる国道6号線が走り、交通量の多いところであった。当時の道は国道でも舗装されていなかったので、砂埃がひどく、毎日、掃き掃除をし、水を撒き、硝子戸を拭いた。店と居住部分は土間で繋がっていたので、そこの掃き掃除も私の仕事の一部になった。働き詰めの親を見ていれば、文句は言えなかった。手伝いは、習慣になり、掃除をしないと気が済まなくなった。私はだんだん綺麗ずきになった。

後年の偶然だが、大学時代は、馬術部に入部したので、毎日馬の世話と馬房の掃除があった。「生き物」を飼っている以上、当然のことであった。掃除当番や長期休暇中の馬房当番は、主に下級生の仕事で、頻繁に当番が回ってくるので夏休みの帰省もできなかった。生涯、働くことが苦にならず、煙草を吸わないですんだのは、生き物の世話をした馬術部のお陰である。４年間の馬術部生活で日々の身辺掃除習慣は補強され、まめに働く「綺麗ずき」が身についた。

（＊）瀬戸内寂聴ほか『信仰の発見―日本人はなぜ手を合わせるのか』水曜社　２００６年　p9

2　シルバー人材の皆さんに日常の「おはらい」をしてもらっている

今、80歳に近づき、後期高齢者のひとり暮らしになって、ついに体力も根性も衰え、執筆と綺麗ずきの両立が難しくなった。心身に「億劫」の虫が付き、片付けが間に合わず、身の回りは散らかり放題になった。「埃で死ぬことはないだろう」と思う一方、「綺麗ずき」にとって、身の回りの乱雑な風景は、気持ちが悪い。風景が悪ければ、勉強の士気に関わる。

出しっ放しの書類や衣服は、十日も溜まれば、「ゴミ屋敷」の様相を呈する。床に埃も浮いてくる。切羽詰まって、シルバー人材の事務局にお願いして、週一回の家の掃除をしてもらうようになった。「書類には触らないで」と頼んでいるので、脱ぎっ放しで椅子に引っ掛けている衣類や机上の乱雑は相変わらずだが、床も台所も綺麗になった。担当のシルバーの皆さんはどの方も綺麗ずきで、風呂もトイレも週に一度はピカピカになるので、毎週「おはらい」をしてもらっていることになる。

3　学校では何も教わらなかった

キリスト教には聖書があり、仏教には経典があるが、神道には経典にあたるものがない。明確な教訓や哲学がないことが理由なのか、学校では神道について何も教わらなかった。むしろ、戦後教育では、戦前の国家神道は、戦争を引き起こした「悪」の元凶であると教育された。神棚のない家で育った少年に、神道の発想は知る由もなかったのである。80歳近くなって、今回初めて神道関係の本を読んだ。

神道は、「かんながらのみち」といわれ、開祖もおらず、森羅万象・自然と神とは一体である。文化人類学上は、「アニミズム」という人もいるが、「アニミズム」を原始宗教と見下して、宗教に「発達段階」を持ち込むな、という人もいた。神学上の議論や名称はともかく、神道が自然信仰であることは間違いない。

自然の中には、人間も含まれ、亡くなった祖先も含まれる。自然も祖先も、延々と広大・多様であるから、神は、至る所に遍在し、八百万の神となる。神を祀った場所が神社となり、神と人間を結ぶ具体的作法が祭祀であり、祭祀は「お祓い」や「祭り」の形式になった。祭祀の目的は、「安全」、「豊作・豊漁」、「病気平癒」、「現世利益」など日本人の生活に密着していたに違いない。昔も今も人間の願いに変わりはないはずである。

神を祀った神社の境内は、神域（聖域）となり、特別な場所となった。道路際に「鳥居」を建てただけで、ゴミのポイ捨てが激減したという話も聞いたことがある。日本人が環境問題に敏感なのは神道の影響が大きいことが伺われる話である。

神様は山にいて、海にいて、川にいて、森にもいる。田の神様も、木の神様もいる。家の近くに先祖の霊を祭れば「氏神さま」となる。身の回りの環境すべてに神が宿るとすれば、環境を守るのは当然である。妻を「やまのかみ」と呼んだのは、男の環境保全か、それとも策略か⁉

我が生い立ちを振り返ってみると、父もまた、無意識のうちに息子に「お祓い」の教育をしたのである。この歳になるまで、筆者に神道慣習の自覚が足りなかったのは、わが家の家庭教育にも、学校の戦後教育にも、神道が登場せず、日本文化が育んだ自然への愛と自然保護の発想が神道に基づくという教育上の説明を聞いたことがなかったからである。

4 「感じる神」と「信じる神」

神道関係の本では、どの識者も日本人には、一神教とは異なる別の信仰心があると論じていた。信仰心の違いが生じる理由は、「神」の感じ方、「神」との出会い方が異なるという論調であった。要約すれば、日本人の神は「感じる神」であり、一神教の人々の神は「信じる神」ということになる。

「神の気配」とか「感じる神」という概念に出会い、自分の宗教心についても、日本人の信仰についても少しだけわかったような気がする。

人生の終わり頃になって気づくというのは、誠に遅すぎることだが、振り返れば、自分にも「神の気配」を感じた体験は何回かあった。

とくに最近、歳をとって、死期が近づいたせいか、たびたび我が周りにも神がおわす、と感じることが多い。死を恐れているということか、末期の眼でものを見るようになったということか。

今回の勉強の途中で、初めて西行の歌も知った。左記の歌は、西行が伊勢神宮を訪れて詠んだものだという（＊）。

なにごとのおわしますをば知らねども
かたじけなさの涙こぼるる

西行もまた、伊勢神宮境内の静謐に神の気配を感じていたのであろう。

また、つい先頃、五月晴れの下で見た、わが家から山裾まで広がる神々しい麦秋を思い出す。あの風景には神が降臨している、と思った。巨木のそびえ立つ美しい森を見た古人が「神の気配」を感じ、「鎮守の森」として守り続けたことも頷ける。日本の神社の中には「山そのもの」をご神体とした神社がいくつかあることも知った。

また、執筆に疲れて、窓辺の揺り椅子に坐ると庭の木漏れ日を浴びて小鳥たちが遊びに来る。あれも神々の子どもが戯れているように感じる。ときどきは2階に坐り、窓から見る夕暮れの城山にも神がおわすと感じることがある。夕暮れに鳥たちが帰って行くのも神様のふところへ戻って行くに違いない。遅まきながら、本居宣長が言おうとした「もののあはれ」とはこういう感覚だったのかも知れない、と思ったりする。

遠い時間を振り返れば、少年の日に森や川辺で、しーんと静まり返った不思議な静寂に出合ったことがある。あれも恐らく神の気配を感じた瞬間であったに違いない。


（＊）白州信哉『白州正子の宿題―日本の神とは何か』世界文化社 2007年 p31

5　無自覚に神道文化の中で生きてきた

神道は「神話」に始まる。地方の神社に案内してもらっても、祀られている神様の名前すら読めない。神道は、当然、仏教伝来よりも古い。神社の故事来歴を読んでも、多くの神様の話は、神話がらみで、教訓も哲学もハッキリしない。歴史的に根拠がハッキリしないことが多く、その多くは作り話だと思っていた。神道文化に無知な筆者は疑いなく戦後教育の落し子の一人である。恐らく、筆者と同じように、多くの同世代人も、戦後教育で、神道の文化は、学校で教わったことがなく、したがって、関心も持ちようがなかったに違いない。

戦後教育は、国家神道を否定し、「靖国」は今でも賛否両論の混乱の中にある。乃木神社や東郷神社のように近代の生身の人間が「神」になったというのも、神道を知らない少年にはうさんくさいことであった。

しかし、今回の勉強で、留学から帰国後の、北里柴三郎先生が、ドイツで世話になったコッホ医師の安寧を願い、その恩義を忘れないために小さな神社を建立したという話を読んだ。個人が神にされて、一神教のドイツ人はさぞ驚いたことであろうが、筆者にはなんとなく、北里先生の日本型感謝の表現形態がわかるような気がした。

筆者は、80歳近くになるまで、自分の生き方に神道が関わっていたことを自覚したことはなく、神道に興味を持ったこともなかった。今回、文化論を書き始めて、ようやく、自分は神道文化の中に生きていたということに気づいた。

神棚を知らず、神道文化を習ったことのない筆者も、家事手伝いの中で、「綺麗ずき」をしつけられ、無自覚的に、みそぎやおはらいをしながら、疑いなく神道文化の中で育ってきたのである。ようやく、新しい思いで、神社へ行ってみようという気になっている。

6　日本人の信仰心

暗い受験生時代、18歳の春に、富山の大学を受験するため、父に背中を押されて、初めての一人旅に出た。試験は惨憺たる結果に終わり、失意の中で、宿の近くの日本海の浜に出て見た。風が荒れた日で、山のような大波に人間の及ばぬ力を感じたことは忘れられない。「所詮オレなど物の数ではない」と思った。「やり直しだな」とも思った。冬の日本海は、ただただ神々しく、自分を打ちのめした。以後、冬の日本海の荒波は忘れ難く、長くわが憧れとなった。

山折哲雄氏が「人間は科学的に実証されないものを実感して生きている」。……「その実感レベルでいうと日本人の信仰は実に生き生きと息づいている。」（＊1）と言っているのは、冬の日本海を前にして圧倒されたあというい体験をいうのであろう。場面はまったく違うのだが、愛唱した高村光太郎の「秋の祈り」（＊2）を思い出す。彼の詩人もまた、神々しい風景に神を実感したに違いない。少し長くなるが、引用せずにはいられない。

秋の祈り

秋は喨喨と空に鳴り
空は水色、鳥が飛び

魂いななき
清浄の水こころに流れ
こころ眼をあけ
童子となる
多端紛雑の過去は眼の前に横はり
血脈をわれに送る
秋の日を浴びてわれは静かにありとある此を見る
地中の営みをみづから祝福し
わが一生の道程を胸せまつて思ひながめ
奮然としていのる
いのる言葉を知らず
涙いでて
光にうたれ
木の葉の散りしくを見
獣の嘻嘻として奔るを見

飛ぶ雲と風に吹かれる庭前の草とを見
かくの如き因果歴歴の律を見て
こころは強い恩愛を感じ
又止みがたい責を思ひ
堪へがたく
よろこびとさびしさとおそろしさとに跪く
いのる言葉を知らず
ただわれは空を仰いでいのる
空は水色
秋は喨喨と空に鳴る

（＊1）山折哲雄ほか『信仰の発見―日本人はなぜ手を合わせるのか』水曜社　２００６年　p77
（＊2）伊藤信吉編『高村光太郎詩集』新潮文庫　１９５０年　p56

7　日本人の宗教心とは何か?

おそらく、わが冬の日本海体験は、自然への畏怖であり、圧倒的な力への憧れのようなものだったと思う。

山折氏が「宗教とは、人間の力を越えたものに対する畏怖であり、恭敬であり、依存であり、信仰である」(＊)と言っていることと共通している。

ＮＨＫの深夜の日本名山の案内番組に「もののけの森」という地名が出てきたが、古人もまた深い森の奥に「物の怪」を感じたに違いない。

新年に、多くの人がご来光を拝みに山へ登ったりするのも、山折氏のいう自然への畏怖であり、恭敬なのであろう。自覚するかどうかは別として、どこかで「神の気配」を感じているのだと思うのである。

山川草木に神を感じることが宗教心の一端であるとすれば、自分も他の日本人と同じく、多少は宗教的であったに違いない。「天道に恥じず」とか、「お天道様が見ている」とかは、筆者に限らず、日本人の誰もがどこかで聞いたことがあるだろう。宗教儀礼の訓練を受けることなく、あまり考えることをしなかった未熟な少年も「天道」の下で生きてきたのである。少年の日の自分には、「自然神」に対する畏怖や恭敬を言葉にして自覚する能力がなかっただけのことなのだ。

（＊）山折哲雄、田中治郎『日本の宗教』日本文芸社　２００５年　p3

8　人間も自然、「死」も自然――自然は人間の手に負えない

現代科学を持ち出すまでもなく、人間もまた動植物とおなじく自然の一部である。一神教では、世界は「神の造化」の結果としたが、日本人にとっては、自然は最初から自然であり、人間もその一部であり、ありのままの「自然」を神として受け入れたに違いない。

時が経てば、われわれもまた動植物と同じく、衰え、朽ちて、土に還る。死とか、気

象とか、自然災害とか、ときに自然は人間の力ではどうにもならない。「どうにもならないもの」の存在に、日本人は、人間以外の力の存在を想定したに違いない。なかでも「死」への恐れや哀しみは、取り返しがつかず、どうにもならない。人間は死の前で為す術《すべ》もなく延々と泣いてきたに違いない。「墓」をつくって、亡きものへの記憶に縋《すが》ったことも頷ける。命が連続しているように、死もまた連続している。死を遡れば、祖先に通じている。血脈への愛惜が、「死」というどうにもならないものを通して、祖先追慕・祖先信仰に変わったであろうことも容易に想像できる。山折氏が、「祖先崇拝は人間信仰であり、内に連なる血脈に対する信仰といえる」（＊）と言っているのは、恐らくそういうことだろう。取り返しのつかない「死」を前にして、われわれは、死者の魂が我々を見守っているはずだという発想に至り、星になったり、鳥になったりする詩的発想を持ったことも当然といえば当然である。

（＊）山折哲雄、田中治郎『日本の宗教』日本文芸社 ２００５年 p25

9 「千の風になって」は神道発想に似ている

近年、爆発的に流行した「千の風になって」(メアリー・フライ、アメリカ)は、外国の発想ながら、神道文化に生きる日本人の琴線に触れたのである。死者の魂が、雨や風や自然の一部になって、四季の移ろいの中でわれわれを見守るという詩的発想は、「自然葬」の発想のように、葬儀の様式さえ一変させる。

夏の風習として伝わるお盆の迎え火のことなどを聞かせれば、「千の風になって」の外国人の作者もなるほどと納得するであろう。要は、祖先も、愛する人も、死後は「風の中にいる」ということである。

神道には教典に書かれた哲学がない。神仏混淆といわれるように、後発の仏教と合体してお盆のような宗教行事になった、というのが大方の論者の見解である。また、古代に祀られた神々以外にも、惜しまれた人が神社に祀られて神になった例も少なくない。

古代日本では死者は、人々の身近にいて、神になったのである。そのようにして「氏神様」も生まれたに違いない。戦死者を祀った「靖国神社」の存在もわからぬことはないが、世界に通じないとすれば、政治の工夫が必要であろう。

久保田氏は、神道の特殊性は近隣諸国には通じないと指摘している（＊）。

靖国問題の根源…「日本人の感覚からすれば、A級戦犯も一般の戦死者も死後は同じように弔われるが、中国や韓国はそうではない。犯罪人は永遠に犯罪人であり死後に神や仏になることは先ずない」。国際化の中で、日本人の感性だけを押し通すことはできないであろう。（久保田展弘）

（＊）久保田展弘『信仰の発見―日本人はなぜ手を合わせるのか』水曜社２００６年 p２４２

10　信仰心の証明

歴史小説家の井沢元彦氏は、「日本人が無信仰であったと言う見方は当たらない」と言っている。お隣の韓国などと比較して、「キリスト教やイスラム教が日本に根付かなかったではないか」と言う。「一神教が根付かなかった理由は、一神教に抵抗する生活原理があったからだ」という井沢氏の論理には驚かされた。井沢氏は言う。「つまり日本には、世界を席巻したキリスト教やイスラム教に対抗できる強力な宗教や原理原則みたいなものがあったのである」（＊）

言われてみれば、誠にその通りで、日本の不思議と言わなければならない。秀吉や徳川幕府のキリシタン弾圧が尾を引いているだけではないというのである。

井沢氏はさらに、「感じる神」は神を感じる日本人が主役で、神様は「命令しない」という。なるほど、一神教の「信じる神」には、聖典があり、教典があり、中身は「すべし」と「するなかれ」という命令で満たされている。

筆者もアメリカに住んでいた間は、妻の家族に付き合って毎日曜の教会に通って説教を聞いていた。すべては「生き方」の説教であった。もちろん、社会学的に聞いていただけで、宗教的に聞いていたわけではないので、心を揺さぶられたことはない。

明治以降、神道が政治に組み込まれて国家神道となり、大東亜を作るという「神国日本」のイデオロギーになった。「大東亜共栄圏」構想は、彼《か》の戦争で日本人を熱狂させたが、敗戦でその熱は一挙に冷めた。

日本人の天皇制に対する愛着が根本から変わったとは思えないが、神と崇めた天皇の人間宣言も冷静に受け止められた。アメリカ占領軍の検閲と洗脳の結果だという人もいるが、天皇を神としたことが、一神教に似たような「信仰」であったなら、その程度で覚めはしないはずだと思う。現代でも一神教の執念は、各地の宗教紛争に見る通りである。

アメリカは日本占領の成功を、文化的土壌の異なるアフガニスタンやイラクでも再現できると勘違いしているのではないか?

日本人は、天災も歴史上の災難もみそぎやお祓いの一種であるかのように受け止め、変化を糧にして、いつでも新しく出直している。「みそぎ」発想で変化を受け入れる日本と、みそぎ発想が存在せず、簡単には変化を受け付けないアフガニスタンやイラクとは「国柄」と「文化」が根本的に異なっていると思う他はない。

また、神道への敬意が失われたことは、戦後教育のせいだと言う人もいるが、神道がらみの慣習は変わらずに続いている。戦後教育でひっくり返るような信仰心なら余程脆弱な信仰心であったに違いない。戦後に変わったのは国家神道への熱狂だけであって、その他はあまり変わっていないのではなかろうか！　戦前の熱狂は、欧米列強に囲まれ、危機感を煽った政治とマスコミと国家存亡の危機に立たされた「いくさ」のなせるわざであったに違いない。

もちろん、熱狂が終ったからといって、日本人の自然への畏怖や恭敬が変わったとは思えない。神道を支えてきた天皇制への愛着も、平成から令和への改元の報道ぶりを見れば決して衰えてはいない。各地の祭りは形を変えても続いているし、「ヨサコイ・ソーラン祭り」のように、新しい祭りも生まれている。葬儀の儀式は変わりつつあるが、祖先に対する敬意が消えたわけではない。

生活様式が変わり、慣習が変わり、儀式が変わり、誰も教えなかったので、若い世代の神道儀礼に対する自覚と意識は変わったかもしれないが、自然の中の「感じる神」は、いまだわれわれの周りにある。

新興宗教の流行り廃りはあるが、農業国家から商工業国家へ移行するにあたって、かつての農村共同体が解体し、孤立した日本人がただ何かに縋《すが》りたかった結果であろう。例外的に、オウム真理教のような反社会的な熱狂を生み出しはしたが、八百万の神のふところは深い。日本人の自然回帰を今のところ寛容に見守っている。

（＊）井沢元彦『信仰の発見―日本人はなぜ手を合わせるのか』『水曜社』２００６年ｐ１２９

Ⅱ

「みそぎの功罪」――恨みを残さず、水に流して出直すのは美徳だが、忘れっぽいのは困ったことではないのか？

1 「罪・穢れ」は「祓う」ことができ、「みそぎ」によって何度でも出直すことができる

不祥事や犯罪を犯した芸能人、スポーツ選手あるいは政治家などが、何年かたって、いつの間にかメディアに復活しているのを見ることがある。「ずうずうしい」「気に入らない奴だ」と思っていたが、世間はすでに「許している」。

神道の発想は「寛容」である。

一定の社会的制裁が終わると、「みそぎ」は終わったなどと解説者が解説する。世間はそれで当事者を許し、本人たちも過去は水に流して、何もなかったような顔をしている。もちろん、われわれの知らないところで「おはらい」などもして、「過去の罪・穢れ」を落としたに違いない。それにしても「みそぎ」・「祓い」で、犯罪者までが、ほぼ問題なく「出直し」ができる文化とは、なんとすごい国であろうか。

過去を清算して、発想を転換できるのは、「忘れっぽい」のか「寛容」なのか。すくなくとも、「みそぎ」は、人々がおのれの「罪・穢れ」を落とし、出直しを可能にする日本文化の「浄化装置」である。神道では、「罪」と「穢れ」は別物ではなく、一対な

のである。

個人も、集団も、日本国までが、「みそぎ」と「祓い」で、過去を水に流し、出直すことができる。だから、あらゆる組織も、日本国も、変わり身が速く、立ち直りも速く、後に恨みや怨念を残すことが少ない。「水に流せる」ということはそういうことであろう。戦後復興は確かに日本人が起こした奇跡だが、奇跡の演出者は日本文化の「みそぎ」だったのではないだろうか。

国民が熱狂し、国家の存亡を賭けた「大東亜戦争」ですらも、負けた以上は「みそぎ」をして出直すしかない、と感じたのではないか？「思った」のではなく、「感じた」ということろが、「みそぎ」発想の核心である。「感じれば」、「迷い」は消える。

「敗戦」の結末は大失敗であったが、日本国が消えたわけではない。天皇の人間宣言、農地改革、新憲法、言論の自由、男女同権、新しい教育制度など、占領軍の指揮下で取り入れた諸々の改革は日本人と日本国が「敗戦」の災厄を払拭する社会的・心理的「みそぎ」と「感じた」はずである。

世間で見るように、「失敗」や「しくじり」に対する社会的制裁は「みそぎ」なのである。そう考えれば、敗戦による占領は明らかに、日本国にとっての社会的制裁であり、心理的には「みそぎ」効果を持つものであった。

無条件降伏で負けた以上、「しくじった」、「悪かった」、「間違った」という「一億総懺悔」の感情は敗戦の事実と占領を受け入れる「みそぎ」に変質したはずである。国土は焦土と化し、300万人を超える犠牲者を出し、2度の原子爆弾を体験し、大部分の国民は、つくづく間違えたと思ったことであろう。占領下の改革は、事実、国に民主主義をもたらし、多くの日本人に解放と自由をもたらしたのである。占領下の改革を社会的「みそぎ」と受け止めたなら、過去の清算は可能であり、日本人の出直しも可能である。

あれだけの大戦争の過去を水に流すことも可能である。敵国も許せる！「忘れっぽい」と嘆く人がいるが、日本人は、痛切に反省した後は、「切り替え」が速く、「出直し」も、「立ち直り」も速いのである。問題は、みそぎ感覚の存在しないアジア諸国は過去を簡単に「水に流してはくれない」ということである。

「みそぎ」は、心身の「浄化作用」であり、「切り替え」・「贖罪」の機能をもつのである。日本国の「おはらい」を執り行なった神主がマッカーサーである。その証拠にマッカーサー元帥は「神」と讃えられ、マッカーサー神社の建立まで提案された経緯もあったという。

韓国から日本に帰化した呉善花教授（拓殖大学）は、次のように指摘している。
「東京国際裁判で一方的に日本が悪いと決めつけられ、日本は孤立無援の中でそれを受け入れていくほかなかったわけです。そういうことでは、日本人はしたたかではないですね。日本人には日本人の言い分があるにせよ、世の大勢がそうなった以上、もはや言い訳はすまい、それが潔いことなんだ、非難は甘んじて受けて姿勢を低く、頭も下げていこうと、そう決めていた人が多かったんじゃないですか。……それで私は『敗戦後遺症』だというのです。……そこからアメリカ・コンプレックス、中・韓コンプレックスが生じる」（＊1）のです。

彼女の言う「敗戦後遺症」は、見方を変えれば、日本人の「みそぎ」感覚を指している。「みそぎ」感覚は、戦後教育の中で「自虐的な歴史教育」に続いているのであろう。彼女の言う通り、「教え子を二度と戦場に送らない」という日教組の総括は、戦争の論理は間違っていたという総括である。

客観的に、当時の国際情勢をみれば、日本だけが間違っていたはずはないのであるが、「国民国家としての理念を堂々と掲げ、国民国家として言うべきことを堂々と主張し、諸国と対等に渡り合っていくという当たり前のことに対する、根本的な気後れのような意識が、戦後ずっと続いている」（＊２）と、呉善花教授は言うのである。
しかし、日本文化の視点から見れば、一億総懺悔を終え、占領政策を社会的制裁の「みそぎ」として受け入れ、悲惨な敗戦処理を乗り越え、全国民が前を向いて、さっさと民主国家に「切り替えた」ということは、呉善花教授の指摘にもかかわらず、日本人の「したたかさ」を示して余りあるのではないだろうか！

（＊１）黄文雄（台湾）、呉善花（韓国）、石平（中国）『帰化日本人』李白社　２００８年 p42
（＊２）同右　呉善花 p２６１

2　戦後教育の落とし子

筆者は、戦後教育の落とし子の一人である。
戦後教育の中で、戦前を肯定的に教わったことはなく、神道文化も知らず、呉善花教授が指摘したような「負けた以上は仕方ない」という空気の中で育った。筆者は、愛国少年ではあったが、同時に、「日米戦争」については、開戦の判断をした人々は客観情勢の分析と判断力を欠如した「無能」だと思っていた。今でもその思いは変わらない。

それに引き換え、青壮年期を通して学んだ、アメリカ占領軍の日本統治は、戦勝国に例を見ない優れた改革だと考えていた。当時の日本国の欠陥を知り尽くしたような占領統治がなかった場合の日本を考えてみれば直ちにわかることである。戦後日本の復興原動力となった「中産階級」の創出も、個人の自立も占領政策のおかげである。

今になって、一方的な戦勝国による軍事裁判だとか、押し付けられた憲法だとか、基地負担が大きすぎるとか、いろいろ批判があり、その通りでもあるが、「負けたのだから仕方がない」のである。沖縄県に基地負担が偏っているが、それはアメリカの責任ではなく、沖縄県以外の日本人の責任である。

戦後70数年を過ぎて、ロシアの「言い草」を考えてみればすぐにわかることであろう。冷戦の時代があったとはいえ、北方四島をいまだに占領し、「戦争に勝ったのだから」と言い続けているのである。

日英同盟を締結する際、調査に当たった駐英公使林董《はやしただす》や外務大臣小村寿太郎は欧米の外交史を調べ上げ、ロシアという国が国際条約を一方的に破棄する常習国であり、当時の英国は国際条約を一度も破ったことのない国であったと伊藤博文に報告している、と司馬遼太郎は小説『坂の上の雲』（文藝春秋社）に書いている。

「日ソ不可侵条約」を一方的に破棄し、多くの日本人をシベリアへ拉致し、強制労働につかせたロシアに比べれば、アメリカがいかに好意的な占領者であったかは疑う余地がないであろう。

冷戦を背景とした当時のアジアにおけるアメリカの戦略的意図が、日本占領に反映されていたとしても、どちらが日本にとって幸運であったかは、言論の自由さえ認めていなかった当時のソ連に占領されることを想像してみればいい。

ゆえに、筆者は、アメリカへの留学に憧れ、行った先で親切にしてくれたアメリカ娘と結婚した。いろいろ難しい障碍《しょうがい》はあったが、迷いはなかった。

もちろん、当時の筆者には、アメリカ軍による日本占領期が、日本人にとって敗戦のみそぎであったと考えたことは一度もなかった。しかし、今思えば、占領下の屈辱に耐えた期間は、多くの日本人にとって心理的みそぎであったに違いない。サンフランシスコ講和条約後、日本人が、すべて吹っ切れたように、猛然と前進を始めたのが何よりの証拠であろう!!

国際結婚した筆者を、日本の親族は、一時、「清一郎は敵国の娘を連れてくる」、といきり立ったようであるが、戦後の自由な空気を吸った筆者に悪びれる気持ちはなかった。帰国してみたら、「みそぎ」の済んだ日本人の中で、わが国際結婚はすべて丸く収まったのである。

Ⅲ 「内向き文化」の宿命

――「身内」が先、「よそ者」は後

「内向き文化」は、外国人が驚嘆する近隣相互の「助け合い」や日本人相互の「礼節」を生みだした。しかし、同時に異質や突出を嫌って、内と外：「われわれ」と「かれら」を分離する。「かれら」は、ときに、「よそもの」として嫌悪や差別の対象になる。

1「内」は「家」に始まる

「内向き文化」は、「水利共同文化」と繋がり、「身内」・「仲間内」に公平で、やさしい反面、仲間と認めない「よそ者」を疎外する冷たい一面を持っている。

発想の原点は「家制度」にある。「身内」は「家の子・郎党」に始まり、親族や仲間へ拡大する。日本の家族は「個人」を明確に意識せず、家族を「ひとまとめ」に考える。最小単位は「個人」ではなく、「うち」だったからであろう。

それゆえ、人々を分ける原則は、「自分」と「他者」ではなく、「うち」と「そと」となる。原理的に、「家」の外にいる者が「よその人」となり、家族は「うちの者」と呼ばれる。

和辻哲郎は、名著『風土―人間学的考察』（岩波文庫）において、「家」という「内」においては「個人の区別は消滅する」と言っている。夫は「内の人」となり、妻は「家内」となる。家族は全体として認識され、「他人」と区別される。「いえ」の感情が拡大していけば、それが仲間内「われわれ」となって「かれら」と区別される。「われわれ」も「かれら」も集合体で、その中の個人は重視されない。「かれら」は「よそもの」だから、「われわれ」とは区別して扱われ、ときに、差別の対象になる。「うち」にこだわる文化の宿命と言っていいだろう。

2「思いやり」の拡大、「差別」の拡散――「外の人」は「人の外」

日本人の親密度は、「身内」↓「仲間うち」↓「組内」↓「村内」↓「同郷人」↓「日本人」↓「外国人」の順で減少し、「よそ者」感覚は、逆に増大していく。日本人の「思いやり」は、「いえ」を中心として円を描くように拡大していく。

「いえ」は、徐々に親戚を吸収して「身内」感覚の範囲を広げ、「一族郎党」になっていく。「身内」は、暮らしの共通利益を追求し、親しい協力者を含めて「共同体」に拡大する。共同体が政治的・経済的に制度化されていくと、近隣の地理的な人間関係は、「隣組」や「組内」として組織化される。「組み内」が拡大すれば、やがて水利や地理的環境の関係で「村内」になる。「村内」は、村落共同体と呼ばれた。

村落共同体が集合して「同郷」になり、「藩」や「県」や「地方」と呼ばれ、政治的に国家として統合されて、「日本国」・「日本人」になる。国家存亡の危機やオリンピックのような国際競争に当面したときだけ、「日本人意識」が「身内意識」に近づくが、平和なときの「われわれ意識」は、せいぜい近隣の「町内会」までの人間関係であろう。「いえ」から遠くなるに従って、仲間意識は希薄になり、他者に対するやさしさや思いやりも減少し、「旅の恥はかきすて」と思えるようになる。

人間関係の円の一番外側にいるのが「外人」である。外人とは文字通り「外の人」であり、おとぎ話の「鬼」のように「人の外」に置かれ、「鬼退治」の対象にされた。近年、ようやく「外人」は「外国人」と言い換えるようになった。

外人は、「いえ」から最も遠く、日本文化では、まず「身内」には入れてもらえない。

「いえ」から遠くなる順で「思いやり」感覚は減少し、逆に、「よそ者」感覚は、増大していくからである。外人差別は、「よそもの」差別の延長で、「内向き文化」の宿命に近い。アメリカ娘と結婚した筆者は日本文化に対してとんでもない過ちを犯したことになる!!

3 「よそ者」を「身内」に受け入れるのは「客分待遇」

「客分」や「お客さま」の処遇は、「よそもの」を身内並みに扱うために、内向き文化が発明した見事な方法である。ＪＲでもデパートでも、私たちは「客」になったときだけ身内に近い扱いを受け、丁重にもてなされる。「雨の予報ですので、傘などお忘れ物のないようご注意ください」などというＪＲの放送は「身内」のセリフである！

もちろん、外国人の処遇は基本的に「客分」扱いである。「外人」は日本文化の「外の人」を意味し、「身内」には入れない。明治期の「御雇外国人」のように、外国人を「お客」と認めたときの処遇は丁重であるが、「お雇い」の言葉が示す通り、「客」は、いつかは

「帰らなければならない」。「またたびもの」のやくざのように、一宿一飯の恩義に預かっても、客分は身内にはなれない。喧嘩沙汰の時には恩を返して「助っ人」にならなければならない。

筆者は、アメリカ人と結婚したが、親族がいきり立ったのは、国際結婚は「内向き文化」への反逆であったからだろう。それゆえ、妻は長い間、日本社会の「客」であった。日本人である私の「客」として、妻は丁重に処遇されたが、いつまでも「客」であることが妻の不満であった。

また、わが子どもたちは、「純粋日本人」でないゆえに、「混血児」であり、ひどい呼び方のときは「合いの子」であり、常に特別扱いの「異質」な存在であった。振り返れば、彼らにとっても平穏な子ども時代ではなかった。テレビ時代がきて、混血の子どもは「ハーフ」として脚光を浴びる場合もあったが、わが家では、「お前たちは〝ハーフ〟ではなく〝ダブル〟である」といって複数の文化を体験できる利点を強調して育てた。彼らは外見からして「異質」であり、強くならなければ、「同質性」を強調する社会では生きられなかった。子育てはわれわれ夫婦の最大の課題であった。

現在の日本は、少子化の付けが回って、人手不足で、大量の外国人労働者を入れることを決めたが、政治は「内向き文化」の差別的傾向を理解していないのではないか、と心配である！　多くの企業が、日本人労働者に対しては、決してやらないような過酷な処遇を「外国人技能実習生」に対して行なっていたというニュースが流れたばかりである。内向き文化における「よそもの差別」は明らかに潜在している。

外国人労働者がひとつでも凶悪犯罪を犯したら、日本人の「客」に対する反応は、一気にひっくり返ることを恐れる。沖縄における米軍関係者の犯罪に対する県民の怒りの声が政治には聞こえていないのか⁉　彼らの怒りは、「よそもの」の犯罪に対する怒りである。日本人が同じ犯罪を犯したとしても、あそこまでは激高しないであろう。「内向き文化」に安易に「よそもの」を迎え入れることは、差別の時限爆弾を抱えるようで、誠に危ういことである。人手が足りなければ、まずは、働きながら学ぶ若者、女性、高齢者などの働きやすい環境を整備して、乗り切るという発想に立つことこそが「内向き文化」の鉄則である。

4　部落差別の教訓に学ぶ

部落差別は、内向き文化が意図的に「異質」を作り出した社会病理である。徳川幕藩体制は、人の上に人を作り、人の下に人を作った。人の下に人を作って、一般庶民の心理的安定を図ろうとした。浅ましいことだが、人間は自分よりまだ下がいると思えば、気持ちが救われる。部落差別は、内向き文化を利用して、政治が創り出した最悪の差別制度である。四民平等を謳ったはずの明治政府も延々とこれを引き継ぎ、多くの日本人がこの発想に乗って、差別に慣れた。「部落差別解消推進法」（２０１６年：平成28年12月16日より公布・施行）まで抜本的な対応策がとられなかったことは、日本人と日本文化が恥としなければならない。

徳川幕藩体制は、政治的に、一部の人々に、居住地や職業を強制的に限定して、「人にあらず」とした。それが「非人」概念である。「非人」とは、「日本人」の「外」に「人でない人」を意図的に創り出したのである。もちろん、部落差別は人種差別ではない、政治差別であり、文化差別である。アメリカ人たちは、同一人種がなぜ同一人種を差別するのかがわからなかったのであろう。筆者が習ったアメリカ社会学の教科書には、部落差別の対象となった人々を「見えない人種（Invisible Race）」と呼んでいた。部落差別は職業や居住地を差別的に強制して、一般日本人を「内」から「外」へ排除して生み出した差別制度である。「われわれ」と「かれら」を区別して処遇する文化に内在する社会病理の病原である。

5「内向き文化」の特性は「同質性」

内向き文化における仲間の条件は「同質性」である。「いえ」にあって個人を意識しないように、内向き文化は、「身内」や「仲間」の「個性の違い」より、「同質性」を重視する。言い換えれば、みんな同じであることが「仲間」の条件となる。みんなと違うことは、ときに、仲間になれないことを意味する。子どもですら日常表現の「異質性」を理由に「帰国子女」をいじめる。

内向き文化の集団は仲間・構成員に「同調」を求めるのもそのためである。「みんな一緒の圧力」は、同調圧力と呼ばれ、若い世代ですら「KY」とか、「空気を読め」と言って、みんなに合わせることを求める。

仲間であるためには、みんなと「同質」でなければならないのである。同質性を嫌って、自己を主張すれば、仲間からはみ出て、「異端」となり、時に、「仲間はずれ」、「村八分」の対象となる。強く自己を主張することは、みんなに異を唱えることであり、突出することだから、日本文化は、「異質」だけでなく、「突出」も嫌う。突出はどこかでみんな一緒の「和」を乱し、異質に転化するからであろう。

日本社会では、成功者がいつも「みんなのおかげ」を口にして、己の貢献をへりくだり、過小評価する。手柄を誇ることは「突出」に通じ、嫌われることを知っているからである。高校野球ですら、ヒーローが「みんなのおかげ」を持ち出すのは、自分は「みんなと同じ」で、「突出」していないと宣言する日本文化の自己防衛法である。

6　内向き文化は、「閥」：「自閉的共同体（＊）」を作る

内向き文化が仲間の同質性を強調するということは、ひるがえって、異質を拒否するということである。同質性は、基本的に、「経験の共有」から生まれる。同じ経験をするから同質になっていくのかもしれない。したがって、経験を共有していない集団とは、疎遠になり、相容れなくなる。結果的に、内向き文化の最悪の特性は、あらゆるグループが、それぞれの「同質性」を核にして「セクト化」することである。

政治から学問まで、日本社会のあらゆる「閥」は、同質性の産物である。一度「閥」が出来上がると、「身びいき」や「身内の罪の隠蔽」が始まり、全体のためでも、自らのグループに不都合なことには、協力しないという状況が生まれる。心理学者の岸田秀氏（和光大学名誉教授）は、日本は、陸軍と海軍がそっぽを向いていて戦争をした国である、と言っている。経済活動がボーダーレスになり、国際化が目の前にきても、いまだに国益より、省益などと言うのも日本型組織の特性である。

縦割り行政の弊害も内向き文化の結果であり、中央行政を再編成して、何がどの程度変わったであろうか。集団で一度固まると相互協力しなくなるのは、岸田氏が「自閉的

共同体」（＊）と名づけた特性である。「自閉症患者」には誠に気の毒な名称であるが、氏の意味するところは、「仲間内」のことを最優先で考え、「仲間外」のことは「後回し」あるいは「関知しない」という日本文化の組織病理である。

「内向き文化」が、よそもの（異質）を嫌い、「出る杭」（突出）を打つのは、「同質性」の強調が「横並び」の強調となり、ときに、自分たちと違う者を排斥し、「かれら」の手柄を嫌う「やっかみ文化」に転化しやすいからである。

日本にも優秀な研究者は多々いるはずであるが、日本文化が「異質」を嫌い、「出る杭」を打っている間は、なかなか、ノーベル賞は取れないであろう！

＊岸田秀『絞り出しものぐさ精神分析』青土社 2014年 p14

Ⅳ　日本社会は「水利共同」が原点

1 「水争いの歴史」

関東農政局の記録を見ると、「水をめぐる争い」は「集落全員の生死をかけた争い」であったとある。稲作には、干ばつが最大の問題であり、土にヒビが入り、稲が枯れ始めれば、耐えきれなくなった集落が上流の堰を壊すようなことが起こったそうである。かくして、「水争い」は、村どうしの「戦争」の引き金になる。九十九里平野の水争いでは、死者まで出た記録が残っている。

訴訟を伴うような大きな争いから、小さな水ゲンカまで、村々には争いが絶えなかったと記録にある。

2 水利共同が生み出す公平・平等分配の原則

日本の稲作において「水争い」を治めたのは、灌漑システムの整備と「水資源の平等分配」である。山が多く、耕地面積が少なかった日本の地形的条件と水に依存する稲作農業が生み出したのが「水利共同」文化である。水利共同は、水資源利用の公平と平等を実現し、日本人の暮らしに「みんな一緒」の原則を創り出した。日本人が大事にする「平等・公平」の感覚は、「みんな一緒」に象徴される「横並び」、「人並み」という同質性の強調である。稲作文化では、昔も今も、水と天候が最大の決定要因だからである。

わが国の水田水利のカギは井堰灌漑《いせきかんがい》で、井堰灌漑に適した中小河川が多いことがその理由だという（＊）。江戸時代を通じて、村々は、井堰の維持管理の共同作業で、水争いを回避し、いわゆる村落共同体を形成してきた。水が稲作の決定要因である以上、水の管理・活用システムは、必然的に、村を運命共同体にしたのである。稲作に依存し、水に依存する共同体は、「水争い」という「負」の教訓を経て、平等分配の水利慣行を最重要の掟とした。

時代が変わり、国を支える産業構造が変わっても、水利共同文化が創り出した平等感覚は日本人の中に強く残ったと思われる。現在、「効率」を優先する企業人事や政治が創り出す経済政策の結果、「格差」が拡大し、「平等分配」・「人並み」・「横並び」を尊ぶ文化意識に反する状況になった。

（＊）中島賢二郎「日本の稲作文化」ウェブワイトSeneca21stより２００８年

3 「格差」を放置し、「人並み」・「横並び」の重要性を忘れた現代政治

政治と経済が、「生産性」と「効率」に目が眩んで、「水利共同」文化を忘れると「平等・公平分配」の掟を忘れることになる。確かに、商工業は農林漁業より、個別企業の稼ぎも、国の稼ぎも大きいが、「稼ぎ」の大きさだけに囚われて、平等・公平分配を忘れると「格差」が広がる。まして、個別企業の稼ぎだけを重視して、「非正規雇用」、「派遣労働」、「下請け制度」、「アウトソーシング」などが行き過ぎると、「上」が「下」を搾取するので、同じ商工業の中でも労働者所得の格差が広がる。

毎回、国の景気は上向きだという総論を言い訳にしているが、問題の核心は、日本国の均衡発展である。大企業だけが景気が良くて、中小企業が喘いでいて、地方の農村が疲弊するという状況が「格差拡大」の結果であり、問題の核心である。「限界集落」が増え続け、消滅自治体論に端を発する地方創生政策が、そうした状況を反映して登場したことは明らかであろう。

稲作文化は、狩猟や牧畜を基本とする文化と異なり、特別な才能や際立ったリーダーシップを必要とせず、基本は「勤勉」と「天候」と「水」である。人々が求めるのは、

水資源の平等分配を起源とする「人並み」の暮らしと「横並び」の感覚である。「格差」が大きくなれば、「不安」も、「不満」も、「やっかみ」も大きくなる。そうした「反格差感情」がいかに日本人の社会規範をゆがめるか、政治家は文化の視点に返って点検する必要がある。

近年の演歌が「幸せ」以上に「人並み」が大事だと歌っているのは、水利共同文化の核心である、と書いたが、昨今の、犯罪や反社会的行為の背景に「人並み」を実感できていない人々の怒りが反映しているように思えてならない。

V 「筋肉文化」の支配

――日本だけがなぜ遅れる「男女共同参画」

1 「筋肉文化」とは何か？

道具の未発達の時代、何万年にもわたって、荒地を耕し、荒海へ出た農林漁業の主役は筋肉の働きに優れた男だった。また、社会の安全が確立されていなかった時代、家族や食糧を守った「いくさ」の主役も男だった。理由はたった一つ、平均的に男は女より筋肉の働きが優れていたからである。労働といくさの主役になった男が、女性を従属させ、男性主導社会を作り、その社会を支えた感性と価値観の総合が「筋肉文化」である。

男の美学は、「度胸」、「根性」、「意地」などを強調する「男らしさ」に結実し、他方、陰で男を支えた女の美学は、「従順」、「内助」、「控えめ」、「優しさ」などの「女らしさ」に結実した。

「筋肉文化」は、社会における男性の優位と「男系世襲文化」を生み出し、皇統の継承者は男系男子でなければならず、卑弥呼や女性天皇はあくまでも例外で、男が都合よく「担いだ」というだけのことであった。世間や政治家の世襲も基本は男であることは周知の通りである。

日本の商・工業化が進んでも、農山漁村に女性差別が根強かったのは、農山漁業はいまだ多くの労働場面で筋肉労働が主役であるからである。

2 女性を変えたのは労働と戦争の「機械化」と「自動化」

もちろん、社会秩序が確立されていなかった時代、「戦争」の主役も男である。世界の軍隊の大部分は男であり、女性軍人の登場はごく近年のことに過ぎない。女性を変えたのは、文明の発達による労働と戦争の「機械化」と「自動化」であった。「機械化」と「自動化」は、男女の筋肉の働きの差を極小にしたのである。

もちろん、男女共同参画社会への意識と制度の変化をもたらすには、各国の女性解放運動と運動に呼応した政治政策が関係するが、「筋肉文化」を変えた「主要因」は、世界共通の「文明の利器」であった。文明の発達がもたらした「機械化」と「自動化」は、今や、「男だけにできて女にできないこと」をほぼ消滅させたのである。

したがって、男女共同参画は、工業を発達させた国々が最初に変わり、牧畜や農業国家では、長く足踏みが続いた。第一次産業では、労働を機械や自動設備に置き換えることが難しいことが原因であった。

稲作や漁業が主要産業であった日本は、機械化、自動化が難しかった分、農山漁村に女性差別が根強く残った。農林漁業では、機械化が進んだとはいえ、いまだに労働の主役は男であり、筋肉文化の解消が遅れ、女性差別の意識も解消されていない。

女性差別が強ければ、今の時代、農村の母は娘を自分と同じ境遇に置きたいとは思わず、農家の娘も母の境遇に甘んじようとはしない。農家にもお嬢さんはたくさんいるはずだが、母も、娘も、農家へ嫁ぐことを拒否すれば、農業後継者にお嫁さんが不足するのは当然である。筆者が旅した町村境のいたる所に「国際結婚」の案内看板が立っているのは、女性差別を逆手に取った「外国人妻斡旋業」が成り立っている証拠である。

欧米と違って、謙譲文化によって、「従順」と「控えめ」を教え込まれた日本の女性の多くは、いまだに停滞する男女共同参画に対して表立った抗議の発言はしない。

しかし、「晩婚化・未婚化」、「少子化」などは、変わろうとしない男社会への女性の無言の拒否権の発動だと考えられる。政治や行政の権力の座にいる男たちの鈍感は救い難く、少子化が危機的な状況を生み出して、初めて、ようやく事態の深刻さに気づいたという段階である。子育て支援が遅いのも、女性の政治や経済への進出が進まないのも、男の抵抗勢力のせいである。

解決策は、簡単で、無条件で女性に意思決定のポストを与えることである。男性がポストについて仕事を学んだように、いまだ、経験の少ない女性もポストにつきさえすれば、数年で男性と同じように学んでいく。

男女共同参画の実現は、政治・行政・企業などの意思決定ポストに無条件に「クオータ制」を導入すれば、簡単に進む。今のところ、日本の男はまったく聞く耳を持たない。

3　なぜクォータ制か?

どの国でも、男女共同参画が足踏みした理由は、居心地のいい場所にいる男が「抵抗勢力」となり、筋肉文化に慣らされた女性の自己変革に「時差」があったからである。

日本の「ジェンダー・ギャップ指数」は世界144の国のなかで、2016年:101位、

２０１７年：１１１位、２０１８年：１１４位、２０１９年：１１０位であった。先進国で日本より下の国はない。「女性が輝く社会」は、スローガン倒れで、まだ実現されていない。

遅々として進まない男女共同参画を促進するため、多くの国が、女性の社会進出を促すため「クオータ制」を取り入れた。いささかデータが古いが、当面の数字では、次のように報告されている。

＊クォータ制

この制度はノルウェーで始まり、デンマーク、スエーデンなどを経て、インド、南アフリカなど全世界に広がっている。

（※２００６年８月）

・議員候補などのクオータ制を政党が綱領にしている国：73か国１６３政党

・国会議員のクオータ制を憲法で定めている国：14か国（準備中３か国）

・国会議員のクオータ制を選挙法で定めている国：38か国（準備中3か国）、地方議会議員のクオータ制を憲法・法律で定めている国：30か国があり、国・地方議会議員へのクオータ制を憲法、選挙法、政党のいずれか、または重複して実施している国は98か国
・経済協力開発機構（OECD）加盟30か国のうちでは、26か国の政党が採用している。

（Wikipediaから抜粋）

男女共同参画の政治状況が変わらないのは、もっぱら男性の抵抗勢力と無理解のせいだという雰囲気があるが、状況を変えるためには、女性団体が団結して選挙権を有効に使えばいいのである。

アメリカなどに比して、日本の女性団体は、団結ができず、会議や研修ばかりにエネルギーを割いて、自らの選挙権を有効に活用できていない。投票権は女性が半分握っ

ているのである。全米女性協会が実践してみせたように、男性議員にアンケートを出して、女性の社会進出に反対する「わからず屋」に投票しなければ、男性議員など簡単に落選させることができる。アメリカの女性にできて、日本の女性にできないというのは、日本の女性にも大いに責任があると言わなければならない。歯がゆいことである。

Ⅵ　謙譲文化の光と影

1　謙譲文化は「嘘つき」か？

謙譲の美徳は、相手を立てて、自分が「へりくだる」ことを原則とする。相手を立てることは、自分が「突出」しないことの「予防措置」である。日本文化では、「出る杭は打たれる」からである。わが友人は、頑張り屋さんだが、自らの活動を褒められれば褒められるほど、首を引っ込めて身を小さくしている。彼女の懸命さにケチをつけて「売名」とか「目立ちたがり」などと言いふらす男がいるからだ。謙譲の美徳の裏側には、疑いなく、「やっかみ文化」の毒が潜んでいる。

それゆえ、「へりくだり」とは、「自己防衛上の作戦」だとしても、己を「過少評価する」ことだから、ある種の「偽り」であることには相違ない。

もちろん、日本人の謙譲文化には、当人の「へりくだり」:過小評価に対して、相手は、正当に評価してくれるであろうという期待が暗黙の前提となっている。日本人の「謙虚さ」を「礼儀正しい嘘」だと言う外国人の感想を読んだことがあるが、見方によってはそうなるのか、と感心した。

「私には荷が重い」と辞退する人と、「あなただからこそお願いするのです」という依頼者の「掛け合い」は、双方が状況を承知した上で、世間を舞台とした芝居の名セリフのようなものである。大部分の場合、「そこまでおっしゃるのであれば」ということになって、謙遜者が引き受けてくれるのである。

謙譲文化では、過少評価してみせた自分に対して、「そんなことはありません」と相手が言ってくれて初めてバランスがとれる。謙譲の「へりくだり」表現は、相手の「否定」や「察し」を前程とした日本文化の「やりとり」なのである。

謙譲の美徳は、「誇るな」・「驕るな」・「自己中になるな」という美学：「タテマエ」に深く関わり、「無粋」を避けるための省略やぼかしを多用する。相手には、「本当のこと」を言わず、省略やぼかしを入れて、「全部」を言わない。ときには、「反対」のことまで言う。「言いたいこと」を言わなくても相手が察してくれることが前程だからである。

「省略され、ぼかされ、ときに、反対を意味する」表現から、「話し手の真意」を理解するためには、言われたことの背景を推察する能力が不可欠で、「言われなくてもわかれ」とか「1から10まで言わせるな」とか、日本人は幼いときからトレーニングを受けている。「察し」を前程とした表現は、コミュニケーションのパズルのようなもので、隠された相手の真意を探り当てる「感度」と「想像力」がカギになる。

筆者は若い頃、アメリカで飲み物を勧められ、日本流の遠慮をして、何回かしくじった経験がある。「珈琲でもいかが?」、と言われ、「どうぞ、おかまいなく」と応える問答の背後には、「控えめな遠慮」がある。本心には、「もう一度誘ってください」という願望が隠れている。「ご遠慮なさらずに、私も飲みたいと思っていたところですから……」と言ってもらえれば、万事うまくいくのである。

ところが、アメリカでは、「言ったこと」は「意味したこと」であるから、「No, thank you!」と言った途端に、珈琲をいただく機会を失う。当方の思いを察して二度聞いてもらう機会はまずこない。

この失敗から学んだ筆者は、日本へ帰ってからも、遠慮をしなくなった。飲み物を勧められたら、「嬉しい!」などと叫んで、「いただきます」と即答する。「図々しい野郎だ」と思われていることだろうが、アメリカ流が身についたので仕方がない。

2　美学の問題

アメリカ文化では、基本的に、「言ったこと」は「意味したこと」である。イエスもノーも、好きも嫌いも、ハッキリしている。彼らは、「曖昧」を好まず直接表現文化の中に生きている。では、そもそもなぜ、日本文化は、遠回しにものを言い、相手に「察し」を要求するようになったのか？

第一は、言語表現の「正確さ」を追求する必要のなかった生産環境が原因ではないだろうか。第二は、直接表現がぶつかり合う、ぎすぎすした人間関係を避けるための「美学」に配慮したのだと思われる。

第一の「正確性」の必要度が低いという問題は、おそらく、稲作農耕文化に起因している。農耕文化は、危険や広範囲の移動・連携を伴う狩猟・牧畜文化と違って、コミュニケーションの正確さや論理性を求めない。

「ぼちぼち」、「まずまず」、「結構ですね」、「そんなところですかねえ」などという表現は、すべて正確さを欠いている。否定も肯定もボカした「曖昧さ」が「ゆかしい」のである。「いい」とか「悪い」とか、「好き」とか「嫌い」をはっきり言えば、評価を巡って「角が立つ」。「曖昧」表現は、やんわりと「角が立つ」ことを防止しているのである。

一方、狩猟文化において、「コミュニケーションの曖昧さ」は命取りになりかねない。危険な狩猟の場においては、「論理性」、「正確性」、「厳密さ」が狩りを成功させ、お互いを守る。とくに、危険を伴う猟場では、正確な意志の疎通を欠くことは、決して許されない。

かくして、謙譲を尊ぶ日本文化は、「曖昧さ」を「よし」とする。自己主張を曖昧にするのは、謙譲に通じているのである。ぼかしや省略を多用するコミュニケーションは、間接表現である。好んで「曖昧さ」を多用するのは、先方の「察し」を重んじているからである。多くの場合、日本型コミュニケーションは、「正確に言わなくてもいい」、「正確に聞かなくてもいい」と言っている。ときには、「はっきり言うな」、「直接言うな」、「遠回しに言え」、「ぼかして言え」と言っている。直接の自己表現は間接表現文化にとって「無粋」だからである。

3 「言うな」、「語るな」、「つとめて短く」

謙譲文化のコミュニケーションの「美学」とは、「言わぬが花」、「言わずもがな」、「聞かずもがな」の価値観である。「美学」はやがて「道徳律」にまで転移して、「嫌ねぇ、ずけずけ言って」とか、「そういうことは聞きたくない」という礼節上の態度に進化する。

自己の意見表明を禁じるような、右記「小見出し」は、金田一春彦氏の『日本人の言語表現』（＊）という書籍の目次の冒頭にあった。氏によれば、「多くを語るな」、「冗長に語るな」、というのが日本語表現の美学だという。

「くどくど言うこと」も、「全部言うこと」も「無粋」であり、ときに「端迷惑」なのである。開会の挨拶や、「乾杯のご発声」を頼まれた偉い人が、参会者にグラスを持たせて5分もしゃべるのは「間抜けの極み」なのだ。筆者も金田一氏に同感であるが、「言うな」、「語るな」、「つとめて短く」を強調しすぎれば、どこかで、コミュニケーションの「正確さ」は失われかねない！

（＊）金田一春彦『日本人の言語表現』講談社現代新書 1975年

4 「秘すれば花」

日本人の「遠回し」や「ぼかし」の間接表現を成り立たせているのは「察し」の能力である、と喝破したのは会田雄次氏である（＊1）。また、「秘すれば花、秘せずんば花ならざるなり」と言ったのは世阿弥である（＊2）。谷崎潤一郎は「陰翳礼讃」と言っている（＊3）。「すべてを白日の下に晒すな」、「陰を残しておけば、アンテナの感度が増し、想像力が働く」という意味であろう。

明らかに、謙譲文化は、表現の「抑制」を求めている。「抑制」があるからこそ、繊細な感度が育つということであろう。

表現の抑制は、第一に、主張の抑制を命じる。相手が察してくれる前に自己主張をすることは美しくないのだ。第二は、「驕り」の抑制である。驕りとは相手が認めてくれる前に、自分が自分を認めて、評価を相手に強要することに通じるからであろう。直接的な主張も驕りも、当然、謙譲文化の規範に反する。

アメリカの大学などに比べて、日本の若者に「美人コンテスト」が少ないのも、「秘すれば花」だからである。人間にとって「自意識」は仕方のないことだが、油断して、自分は「美人」だと意識した瞬間に、日本美人は「美人」でなくなる。謙譲の文化は、美人も含め、あらゆる才能に「ひけらかし」を禁じているのである。

最近の学校で「自尊感情」とか「自己肯定」を教わって育ってきている若い世代はいささか「秘すれば花」の原理を忘れているようであるが……。

「秘すれば花」の美学は、自分が主張しなくても、周りはわかってくれるという謙譲文化への信頼の上に成り立っている。要するに、相手の「察知能力」を前程としているのである。それゆえ、みずから「ひけらかす」ことは、相手の「感性」や「洞察力」を侮辱することになる。

表現の抑制とは、文字通り「隠せ」・「押さえよ」という意味である。過剰な自意識も、あからさまな表現も、相手の感性を信じないことで反発を招くのである。

表現が抑制されているとすれば、当然、メッセージを受け取る側の「想像力」と「判断力」がカギになる。日本社会の優れた人々は、ほぼ例外なく、「背景を想像する」、「状況を察知する」、「空気を読む」、「裏を読む」、「気を利かせる」、「行間を読む」、「言外の言を理解する」などの「達人」になる。これらが「察し」の能力である。山本七平は「言外の言」こそ日本型コミュニケーションの特質であると指摘している（＊４）。

「言っていない」のに「言っている」とは手品のようなコミュニケーションであるが、「言わず語らず」とか、「オレの眼を見ろ、なんにも言うな」とか、演歌を通して、世間の人はわかっているのである。

「言外の言」とか「察し」の能力は、日本型コミュニケーションを成り立たせる感受性と言い換えてもいい。ゆえに、「にぶい」とか「とろい」とか言われるのが日本人にとって最大の文化的屈辱である。単語、仕草、表情、状況などから、相手の意図を理解する能力が「察し」である。何も言わず、丁重に「頭を下げる」だけで、ときに、周囲への「敬意」と「服従」を表わし、あるいはときに、慇懃無礼な「反抗」を示す。「慇懃無礼」とは、ふる舞いは丁重でも、中身は侮辱である。表現の形態は似ていても、意味するところは「正反対」になる。

（＊1）会田雄次『日本人の意識構造』講談社現代新書 1972年 p90～110
（＊2）世阿弥『風姿花伝』岩波文庫 1958年 p103
（＊3）谷崎潤一郎「陰翳礼讃」（『経済往来』1933年12月号・1934年1月号）
（＊4）イザヤ・ベンダサン（山本七平）『日本人とユダヤ人』角川文庫 1971年 p113～128

5 「謙譲の嘘」はウソではない?

英語にも「リップ・サービス」(外交辞令)という「お世辞」や「白いウソ(White Lie)」と呼ばれる「罪のないウソ」はあるが、日本人ほど頻繁には使わない。

外国人にとってはいざ知らず、日本文化において、「謙譲の嘘」はウソではない。日本人は、ていねいや控えめのための「小さなウソ」に対して、騙されたとか、嘘をつかれたとは感じない。「言ったこと」と「意味したこと」の間に「落差」があるのは、「謙譲の文化」において当然のことだからである。

われわれは、日常のやり取りで、その「落差」を察知しなければならないが、礼節を心得、「気を回す」訓練を受けていれば、さほど難しいことではない。まさしく「嘘も方便」であり、コミュニケーションの技術なのだ。コリン・ジョイスは言っている。

「日本人は世界でも有数の正直な国民だ。世界中のどの国の人だってウソをつく。しかし、ウソをつくことをいつもおおっぴらに認めるのは日本人くらいのものだろう」(*)

(*)コリン・ジョイス『「ニッポン社会」入門』谷岡健彦訳 NHK出版 2006年 p211

6　ホンネは「本心」で、タテマエは「嘘」か？

80年近く生きてみて、筆者も、タテマエと本音を状況に応じてさまざまに使えるようになった気がする。現役時代に比べれば、だいぶ丸くなった。最近の演歌に、「丸くはなるな、とがって生きろ」という歌詞があったが、現役時代を思い出し、懐かしいことである。筆者も自分にそう言い聞かせて暮らしていた時代があった。

筆者にとって「タテマエ」とは「あるべき状況」への「思いやり」であり、「おわび」であり、「期待」である。逆に、「ホンネ」とは、「あるべき状況に至っていない状況」の「言い訳」であり、「後悔」であり、「おわび」である。最近では、自分でも、どこまでがタテマエで、どこからがホンネであるかわからないことが多々ある。人生に習熟してきたと喜んでいる。

タテマエを言うときは、相手を思いやり、お互いの違いを、際立たせず、相手を不快にさせぬように気を使っている。自分の言いたいことを抑制し、相手が喜んでくれるように配慮してものを言う。決して嘘をいうつもりではないが、「言いたいことを全部言ってはいけない」と考えて、敢えて言わないようにしている。

ときどき、タテマエは「表」、ホンネは「裏」と言う人がいるが、「裏」という表現は「うさんくさく」、「嘘」に近い雰囲気を醸し出すので気に入らない。ホンネには、「なかなか思うようにはいかない」という辛さが含まれている。80年近く生きてみると、ホンネも、タテマエも、「表」になったり、「裏」になったり、千変万化する。

論理も、賛否もハッキリさせないことは、ときに相手に対する配慮だからである。筆者にとって、「タテマエとホンネ」、「曖昧とぼかし」の使い分けは、相手への配慮を含んでいる。思えば、ずいぶん丸くなったものである。

しかし、問題は、国際社会で、文化の違う外国人に謙譲文化の「間接表現」は通用しない、ということである！

「察すること」は大事な能力だが、日本文化の特性であり、欠点でもある。自己主張を抑制し、「全部を言わない」以上、他の文化の人々に通じないことは多々ある。どこかで自分を抑えていれば、「迫力」も足りなくなる。「察し」の能力は個人の感受性に依存するので、意思疎通が不確かで、ときに、主観的で、独りよがりになる。

日本の外交官や政治家は、高度な文化的トレーニングを受けた方々だろうから、「察し」の能力も豊かなことだと思うが、それゆえにこそ「察し」の通じない外国人との外交交渉は大丈夫か、と心配になる。

省略やぼかしや象徴や比喩でできている「俳句」文学は、ドナルド・キーンさんやサイデンステッカーさんの名訳をつけたとしても、「察し」を重視しない直接表現文化の人々にわかってもらうことは難しかった。17文字で、世界や人生を解れ、と言うほうが無理ということであろう。

経済活動のグローバル化で、否応なく国際化の真っただ中に放り込まれた日本社会は、対日本人のコミュニケーションと、対外国人のコミュニケーションを使い分けて考えることが必要になる、と考えている。

かつて、筆者は、アメリカへ行く飛行機の中で、「これからアメリカ」、「これからアメリカ」と呪文を唱え、「言うべきことははっきり言うぞ」と自分に言い聞かせた。逆に、帰りの飛行機では、「これから日本」、「これから日本」と呪文を唱え、「言いたいことも半分にするぞ」と自身に言い聞かせた。

グローバル時代に生きる日本人は、直接表現と間接表現を使い分けるダブルスタンダードのコミュニケーション技術が必要になるのである。

Ⅶ 「令和」は改めて「和」を強調する

1　日本文化の「和」の原理は、「実力主義」も、「競争原理」も否定する

「令和」とは、「和は素晴らしい」という意味だという。新時代もまた「和」を強調している。人間は、期待されるほど潔くない。人間にさまざまな運・不運がある以上、われわれは、「負け」も「失敗」も、すべて自己責任であるとは、簡単に認めない。「言い訳」を並べたり、「不運のせい」にすることは、人の世の常である。それゆえ、人の世を掻き回すのは、基本的に「敗者」・「失敗者」の「恨み」や「不満」である。

「敗者」を作らない原理は、「勝者」を作らないことだから、日本文化は、「競争」は避けなければならない、と決めている。聖徳太子以来、日本文化は、「敗者」の反抗・叛乱がもたらす負の機能を骨身に沁みて知っている。聖徳太子の十七条憲法は、「和を以って貴しと為す」から始まっているのはそのためである。

勝負は「時の運」が関係し、勝敗は、勝負の裏表である。「敗者」は「勝者」の裏側の概念で、「勝者」がいなければ、「敗者」も出さずに済む。「勝者」と「敗者」が互いにいがみ合えば、「和」は崩壊する。

日本文化があらゆる場面で個人間の競争を嫌うのは「敗者」を生み出さないためであ

る。「和」を乱すとは、勝敗にこだわることであり、勝敗がもたらす「格差」が「不満」や「恨み」の元になるからである。

近代化した日本社会が実力主義を嫌ったのも、同じ理由である。実力の有無を判定するため、競争原理は避けられない。競争こそが、勝敗にこだわり、敗者の不満や恨みをつくり出す。「勝者」と「敗者」を分けることが「和」を乱す元凶である。

日本文化が強調してきた「和」の倫理は、制度に翻訳すると、個人間の「競争を禁じる」という意味である。「令和」という新元号の提案者は改めてそのことを確認したのではないだろうか。

現行政治はわかっていないが、企業の「効率」の論理に目が眩んだ「非正規雇用」とか、「派遣労働」は、経済競争の敗者を創り出す。その結果生まれた「格差社会」は、「敗者の不満」を生み、「子どもの貧困」を生んだ。みんなが揃って幸せになれないことは日本文化にとって、もってのほかのことなのである。

一方、筆者が垣間みたアメリカ社会は、実力主義と自由競争を社会理念としている。競争が敗者を生むことは必然であるが、アメリカ社会は、「勝者」を顕彰しながら、同時に「敗者」を救おうとしてきた。自由、平等、博愛は、彼らの国是だからである。

しかし、その試みが失敗の連続であったことはアメリカ犯罪史が証明している。アメリカ社会の日常は今でも安全ではなく、市民は日常の不安を隠さない。アメリカ社会は、アメリカン・ドリームの勝者の赫赫たる栄光のかげで、敗者が引き起こす犯罪や社会問題を一度も解決できたことはないのである。トランプ大統領のような競争主義者が大統領になれば、国民の意識は分断され、社会の安全はますます遠いものになっていることは、日々の犯罪ニュースが証明している。

勝者を顕彰しながら、敗者を救うことは実に容易ではないのである。

アメリカ社会も「競争」と「実力主義」がもたらす「格差」が、犯罪や社会問題を発生させる根源であることは自覚している。しかし、実力発揮の自由と公平な機会を国家存立の思想にしている以上、「競争」と「実力主義」を犠牲にしてまで、「安全」を求めるという発想は出てこない。彼らにとって「自由」と「競争」は捨てることのできない重要な概念なのである。

「優れたもの」をなぜ引き上げないのか、「努力する者」になぜ報いないのか、と問われれば、すでに「同質労働、同一賃金」の理念を理解している日本人は答に窮するはずである。にもかかわらず、日本社会の雇用の大勢は「年功序列型」で、若い優れた人間に足踏みをさせる。「自由競争」がいかに危険であるかを身に沁みてわかっているからである！

2 「敗者」が「和の破壊者」であれば、「敗者」を作らないことが「和」の原理である

アメリカはもちろん、日本も、人間は決して平等ではなく、意思力・体力・能力等に優劣があり、生き方の姿勢も異なることは重々承知している。日本文化は、人間が不平等だからこそ、お互いに補い合い、能力や性格の違いをあまり甚だしく社会的処遇に反映させないという配慮をしてきたのだ。要するに、日本型社会システムは、個人の資質、能力、努力の違いに意識的に目をつぶろうとしている。

筆者のアメリカ在職中、社会学の授業でも、日常のディベートでも、安定と安全を守る原理として日本社会を貫徹する「終身雇用制」や「年功序列制」について、何度も説

明してみたが、猛烈な反論が出て、一人の学生も賛同しなかった。自由と公平な競争を犠牲にしてまで、結果に格差を生じさせないことをめざす日本の発想はまったく理解されないのである。

筆者は、「アメリカにも『長幼の序』はあるだろう」と言ってみたが、学生たちは、「先輩への尊敬」は礼儀の問題であって、雇用制度とは関係がない。明らかに、部下より能力の劣っているものが上にいて、「日本人はよく耐えられるもんだ」と言った学生もいた。

年齢や経験年数が同じであるという理由で、能力のある者を、ときに、能力のない者と対等に処遇することにも、ほぼ全員が反対であった。ましてや年齢差だけを理由に、能力のある者の頭を抑えて、差別的に扱うことなどまったく理解されなかった。筆者の能力では、アメリカの学生や教師に、「格差の拡大と拡散」を予防する年功序列制の意義を納得させることはできなかったのである。

長年連れ添ったアメリカ人妻は、筆者が加齢とともに、給料も地位も向上し、社会的信頼を高めていくのを見て、年功序列の仕組みの意味を少しは理解したが、システムに賛同はしなかった。日本人と結婚したのだから、「仕方がない」と思っていたのであろう。

最終的に、日本社会の雇用形態に対するアメリカ人学生の感想は、「アンフェア」で

「耐え難い」ということであった。「なぜ、若い世代の叛乱が起こらないのだ」と言った学生もいた。彼らは、実力主義文化の厳しさに慣れ、自由競争の結果を甘んじて受け容れるアメリカの合理精神の持ち主だったのだろう。

はたして「令和」の時代は、すでに格差社会に向かって走り出している日本国の修正ができるだろうか？

3　時間価値の平等

年功を重視する日本文化の発想は、「時間価値」は平等であるという論理に立っている。日本人にとって、年齢と経験年数は、単なる物理的時間の蓄積ではなく、「時間価値」の蓄積である。それゆえ、青少年の世界でも、「先輩」は、先輩であるだけで「偉い」のだ。日本文化における年功は、あらゆる社会条件に左右されない「万人に公平な」「価値の基準」なのである。原則として、「年功」の価値は、年齢とともに上がる一方で、下がることはない。「長幼の序」や「敬老」の価値は、日本国の国柄を形成する文化だからである。

「年を取ったからといって賢くなる保障はないだろう」とアメリカ人妻は言っていたが、アメリカ人にとって、年齢や経験年数は基本的に「物理的な時間」の蓄積に過ぎないからである。「時間」は使い方次第で、本人の価値を増すこともあれば、逆に、落とすこともある。実力も、能力も、「時間」の使い方次第・努力次第で年々結果は変わり得る。それゆえ、原則として、アメリカ社会は「年功」にわずかな価値しか認めない。最重要の基準は、自由競争によって証明する「能力」と「努力」の結果であって、年功は、「価値」として積み上げが効くこともあれば、効かないこともある。アメリカの大学では、「教授」になって、10年くらい勤め上げると勤務契約継続の権利：「tenure（保障期間）」という身分の保障が与えられるが、「年功」評価の小さな一例である。

一方、日本社会の「年功」は「時間価値」の蓄積を意味するゆえに、「年齢」も、「経験年数」も、積み上げていけば「価値」が増すのである。「男性主導」で、「長幼の序」の理念を制度に翻訳した「年功序列制」は、いまだに日本を支配していて、制度の哲学は基本的に揺らいでいない。それゆえ、男女共同参画の進まない日本の「偉い人」は、「爺さんばかり」という結果になる。

国際化も、経済のグローバリゼーションもいまだ長幼の序・年功文化を変更する力は発揮していない。「年功」の「時間価値」は、圧倒的な強さで日本型人事を支配している。それは簡単に変更のできる「仕組み」ではなく、安易に変更すれば日本社会の秩序が崩壊してしまう。長く日本人が慣れ親しんできた「文化」だからである。

日本の雇用関係は、最初から終身雇用が前提であった。文化も法律もこの価値観を支持しているので、余程のことがない限り、途中解雇は極めて困難である。また、不満を口にする者の多くは信頼性を失うのみならず、転職しようにも転職先がなかなか見つからないのが実状であった。

ところが、経済のグローバル化とともに、政治も企業も雇用の「安定」より、雇用の「効率」を優先した。全員を平等に抱え込む「年功序列型終身雇用制」は、確かに「効率」の点で無駄が多いからである。グローバリゼーションの影響で外資系の会社も日本にどんどん進出して、結果的に、「欧米基準」や「世界基準」が導入され、労働契約上の「競争原理」や「実力主義」も少しは日本に導入された。

そうした雰囲気の中で、政治が選択したのは、「派遣労働」、「非正規雇用」、「契約人事制」

などであった。当然、終身雇用制は変質した。こうした「効率」優先の雇用制度は、「みんな一緒をめざしてきた」日本文化への逆行であり、「格差」が生まれるのは必然であった。「格差」の発生は、経済競争における「敗者」の発生を意味する。

日常生活面で、「個人主義」や「自己中」や「自己責任」が目立つようになったのは、「競争原理」が文化面に現われたからである。地域社会では、共同主義、集団主義が崩れ、他者の状況に無関心な「無縁社会」と呼ばれる人間関係が生まれた。もちろん、「無縁社会」は、「格差」の存在にも無関心である。政治は、景気は悪くなく、企業の収益も向上していると言うが、全体の経済は発展しても、発展の不均衡は隠しようもない。取り残された人々の不満は日本中にくすぶっている。「年越し派遣村」とか「子ども食堂」などはその象徴である。

もちろん、日本社会に一部流入した実力主義は、公平な競争をもたらしたわけではない。競争原理は、もっぱら、不定期就労者や失業者や女性の再就職にだけ適用されたのが実態である。それゆえ、定期雇用・終身雇用の人々の暮らしは、相変わらず「年功序列制」である。人々の「和」を大事にし、「競争」や「実力主義」の嫌いな日本社会が、自由で、公平な競争文化を理解できるはずはない！　実力主義と年功序列型・終身雇用制は、仕組みの違いである前に、文化の違いである。

日本文化が実力主義を受け入れたら、日本自体が根底から崩れるほどの違いなのである。政治も、企業も「効率」を優先して、「時間価値」の平等原則を一部崩したが、彼らは日本文化がめざしている原点がわかっているのだろうか？　みんなが幸せになれない日本社会は、みんなが不幸せになるのである。「格差の拡大」は、社会不安の時限爆弾であり、社会の安全と国民の幸福にとって決定的に間違っている。

Ⅷ　隠居文化と戦え

1　制度が問題なのではない、雰囲気が問題なのである

どの辞書を引いても、隠居とは、「現役を退いて自宅に籠居する」という意味である。言葉は平安時代からあったそうだが、戸主が生存中に家督、財産を相続人に譲渡することを隠居と称するのは室町時代に始まり、鎌倉時代に法制上の問題となった、という。江戸時代の武士の隠居には、願い出によるものと刑罰によるものとがあった。昭和22年まで「民法」で規定されていたのだから、「家制度」との関係も深い。

もちろん、現代の高齢社会にとって、制度が問題なのではない。「やれやれ終わった、これからのんびり暮らすぞ」という雰囲気が問題なのである。

子育てを終わり、あるいは、職業からの引退を契機に、社会から離れ、活動から離れれば、一気に心身の「負荷」が減少する。人間の機能は使わなければ、やがて使えなくなる。まして高齢期である。歩かない人は、老化とともにますます歩けなくなり、読まない人は読めなくなり、書かない人は、ますます書けなくなる。「休めば錆びる」とはエジソンの名言であるが、「隠居もまた錆びる」のである。

日本の高齢化問題は、「高齢者」の増加が問題なのではない。「何もしない高齢者」の

増加が問題なのである。「何もしない高齢者」は、老後の活力を維持することが難しい。平均寿命と健康寿命の落差が縮まらないのは、そのためである。両者の落差が縮まらない限り、「健康寿命が尽きたあと」、個人の老後は長く悲惨な時期を含み、現行社会保障制度で国家財政も破綻する。

2 隠居文化は老後の暮らし方を支配する

隠居は、この世の「無用人」をつくる、と喝破したのは小説家の藤沢周平氏（『三屋清左衛門残日録』）である。文学者の「勘」としか言いようがない卓見である。「無用人」には、役割も責任も回ってこない。「隠居」は世間が必要としないから、「無用人」となるのである。隠居すれば、「行くところ」も、「用事」も、「会う人」もいなくなる。高齢期のひきこもりが増えている原因の一つは、疑いなく隠居文化である。

生活者にとって、この世の役割と責任こそが「負荷」の原点である。暮らしに「負荷」

がなくなれば、隠居老人は、頭を使わず、身体を使わず、気も使わなくなる。使わなければ、老衰が加速するのは当然なのである。筆者の質問に多くの高齢者が、衰えは「年だから」と応えていたが、加齢は老衰原因の半分に過ぎない。残りの半分は心身の機能を「使わなくなる」からである。

日本人の「老後」を支配する「隠居」の雰囲気こそ、高齢者を活動から遠ざけ、「現役」と「余生」を分離する元凶である。

3 「敬老」文化も「親孝行」文化も、隠居文化からの派生である

「健康寿命」の原理は、「社会から離れず」、「楽をせず」、「活動を続ける」の3つである。要は、心身の機能を使い続けることが元気の秘訣である。

ところが、「家庭教育学級」などに出てくる若い世代の「親孝行」概念を総括すると、育ててくれた親に「楽をさせたい」ということになる。「隠居」はいたわりの対象である。

演歌の多くも、親に楽な暮らしをさせたいと歌う。敬老文化の実践も基本は同じであろう。ＪＲの優先席やご近所文化の「敬老会」は、われわれ年寄りにごちそうしてくれたり、落語を聞かせてくれたりする。敬老文化もまた、年寄りには「楽をさせなさい」と言っているのである。誠にありがたいことであるが、「過ぎたるは、及ばざるが如し」である。心身への「負荷」を避けて、「楽」をし過ぎれば、老衰が加速して、滅びが早まることは間違いない。

子どもたちが親孝行を「親に楽をさせる」ことと勘違いすれば、過剰ないたわりが、年を取った親を一気に衰弱させる。子どもたちは、親孝行の美名で親の役割を奪ってはならない！　役割りがあるから、親は元気なのである。過剰ないたわりは、親の「負荷」を減らし、親の心身の「廃用症候群」を招く結果になる！

また、「隠居文化と戦え」と言っても、「老害」を勧めているわけではない！　定年で職業や子育ての役割を返上しても、活動は止めないで、と言っているのである。

隠居文化の最大のマイナスは、社会から離れ、活動から離れることである。

隠居は、「隠れて住む」ことだから、必然的に、高齢者の社会参画の「機会」や「意欲」とも衝突する。それゆえ、一方で隠居文化を温存し、他方で生涯現役を推奨するのは矛盾である。生涯現役論がかけ声倒れになっているのは、隠居文化が原因である。

4 人間は自然、教育は手入れ

人間もまた自然の一部であり、「手入れ」が不可欠である。手入れを怠れば、丹精した田畑も一年で草茫茫、三年で藪になり、十年で小さな森になる。人間が自然であるとは、われわれ自身が田畑であり、同時にそれを耕す農民でもあるということである。

それゆえ、教育は、人間の自然性の「手入れ」を意味する。手入れをしなければ、田畑は荒れ、自然は原始に返る。

自然が原始に返るとは、欲求を放任し、弱肉強食、優勝劣敗、適者生存の状態に戻るということである。「社会」は「群れ」に戻り、滅ぶものは滅び、衰えるものは衰えるに任せるということになる。教育なしに、「霊長類ヒト科」の動物は「人間」にはなれない。自然性は誠に手強いのである。

子どもは開墾前の田畑であり、成人は手入れを続けて来た田畑である。退職者は休耕田、活動から離れた隠居暮らしの人々は、間違いなく長く放置された休耕田となる。高齢者が自身の手入れを怠れば、一年でがたがた、三年でボケが出て、十年で老衰し、寝たきりになる可能性は高い。使わない機能は使えなくなるからである。

社会から離れ、心身の教育を忘れて、「手入れ」を怠れば、老後の「自立」も「共生」も「思いやり」も消滅せざるを得ない。「自助」、「共助」は高齢者教育抜きで考えられない。人間の自然性は誠に手強いのである。

5 生涯学習論は「自業自得」論である

「隠居文化と戦う」とは「老い」と戦うことである。

さらに、人間が「老いる」とは、「意識するとしないとに関わらず、加齢に伴う心身の衰えと戦い続ける過程」を言う。「戦い方」で晩年の在り方が決まる。戦いが不可避であるとすれば、問われているのは、己が納得できる戦いをできるか，否かであろう。

隠居は日本社会の隅々まで行き渡った雰囲気だが、隠居も、隠棲も、隠遁も平均寿命が短かった時代の生き方である。今や、平均寿命は、80年から１００年時代へ向かっている。日本は世界有数の長寿国となったが、健康寿命は、男女とも、後期高齢期を前に終っている。

隠居制度・文化を生み出した背景が変わった以上、文化もまた変わらなければならない。子育て終了前後、職業から引退する定年前後の「やれやれ終わった」という隠居の雰囲気こそが、高齢「前期」を安逸に送り、高齢「後期」に倒れるというサイクルの原因である。

心理学者フロイトは、人間という生き物の特性は「快楽原則」であると喝破している。「快楽原則」とは、「安楽」を求め、「負荷」を嫌う性質のことである。中でも「楽隠居」発想は、典型的に「負荷」を敬遠する。高齢期の最大の危険はここから始まる。

高齢期は、老衰期であり、老衰期の手入れを高齢者自身の学習だけに任せるのはまちがいである。文科省は、平成2年の生涯学習振興法以来、「生涯教育論」を捨てて、「生涯学習論」に終始している。快楽原則を特性とする人間に「学習が大事である」というだけで、高齢期の心身の健康は維持できない。「快楽原則」に流される「隠居老人」は必ずいるからである。まして日本社会には隠居の雰囲気が蔓延している。人間の特性から言って、高齢者が自ら進んで、「負荷」を選択することは非常に困難である。

高齢者教育を放置する「生涯学習論」は、老衰や孤立が深まった結果、「あれほど学習が大事だと言ったでしょう」と個人の自己責任を問う。最終的には、「やらなかったあなたが悪いのです」という「自業自得」論に転化するのである。文科省の生涯学習論には、当然、地方の教育行政も追随するから、地方も高齢者教育をやらなくなる。

教育行政が学習を強調すればするほど、教育を後回しにする言い訳に使われかねない。ゆえに、生涯学習論は、「自業自得論」に転化し、教育行政の不作為を免責する結果を招いているのである。

子どもはさらに快楽原則に流されるので、少年期の教育は義務化している。発達の著しい幼少年期と老衰の始まる高齢期は、他律を含む教育による手入れが最も重要になるのである。生涯学習論で、高齢者の健康寿命は延伸できない。

6　何よりも「ボケ」を防げ！

安楽な暮らしの中で、頭も、身体も、気も使わなくなれば、「廃用症候群」を誘発するのは必然である。「負荷」を回避して心身の機能を鍛えることなどできるはずはない！「安逸」を目標にする隠居の雰囲気は、「生活不活発病」を誘発するのである！

もちろん、隠居暮らしはあらゆる点でアンチエイジングの敵でもある。何より、脳のアンチエイジングの敵になる。現在のように、単なる「脳の衰え」にまで、「症」をつけて認知症という病気にしてしまうのは間違いで、脳の衰えを代表する「ボケ」という言葉を残しておくべきである。日本は、認知症患者1千万人時代に入ったと言われるが、その内のかなりの人々は病気ではなく、脳の働きの衰えによるボケである。「衰え」は決して「健康」ではないが、「病気」でもない。足腰が衰えても足腰症と言わないのと同じである。

脳の衰えを防ぎ、ボケと戦うためには、医学以上に、教育が重要である。高齢者の読み書き対話の教育は、学校の聴講生制度を活用してパートタイムで義務化してもよいくらいである。脳は、司令塔だから、食事のバランスも、交流の大切さも、自律の意思決定も司っている。司令塔を失えば、自律性を失い、日常が崩壊し、本人もその家族も一気に老衰の暗い谷へ転げ落ちる。ボケ防止は高齢者教育の第一課題である。

7 「隠居文化」は「生涯現役」発想を否定する

隠居とは、三省堂の国語辞典では、「老人が世間から離れて気楽に住むこと」と言っている。簡にして要を得た説明である。それゆえ、隠居は、「世間から離れる」ことによって、第一義的に生涯現役概念を否定する。

現代の高齢社会では、定年は長い老後の始まりである。残された「生涯時間」は、20～30年もある。気楽な引退であれ、やむを得ぬ離職であれ、長い老後の「閑居」は「罰」の傾向が強くなる。フランスの哲学者サルトルは、「無用人」の日々を「自由の刑」と呼んだ。「生きがいを喪失」した自由は、「刑罰」に変質するのである。

定年者が一様に言う通り　職を離れれば「毎日が日曜日」になる。日曜日は、ウイークデーがあってこそ輝く休日であった。逃れることのできない労働の義務と対照的だから、「安息日」が楽しみになるのである。毎日が日曜日になれば、世間から必要とされない高齢者には、「無聊《ぶりょう》」の連続にすぎない。「小人閑居して不善をなす」のことわざもある。仕事の中に生きがいや、やりがいを見いだしていた人々は、定年でそれらを失い、仕事で培った人間関係も終わる。高齢者の「ひきこもり」が増えているのは、引退と活動の休止が相まって、社会との接点を失うからである。

「定年うつ病」も「定年ひきこもり」も、早すぎる「ボケ」や「老衰」も、「自由の刑」がもたらす高齢者の危機である。「毎日が日曜日」は、「居場所」と「生きがい」を失うことにつながり、高齢者を苛むのである。

シルバー川柳には「起きてから寝るまでとくになにもなし」とあった。隠居した高齢者には、「きょういく」(今日の行くところ)と「きょうよう」(今日の用事)が不足するのである。

周りを見れば明らかなように、定年は自由をもたらすが、必ずしも幸福や充実をもたらすとは限らない。とくに、社会との関わりの中に「充実」を見いだしていた多くの人が、降って湧いた「自由」に翻弄されることは当然である。「自由の刑務所」に鉄格子はなく、番人もいない。何をするのも、どこへ行くのも、誰に会うのも自由であるが、人生の「満足」は自分で探せ、と急に言われても簡単に探せるものではない。

通常、「自由の刑」は、「普通人」の耐えられるところではない。隠居後の風雅の道や清貧の思想は、芭蕉や西行のような達人にして初めて可能な生き方なのである！

それゆえ、筆者もまた退職後の「自由の刑」に苦しみ、半分うつ病のような日々を半年も経験した。退職と同時に、職業の中にあった生きがいを失い、自分を支えてくれていた人間関係からも遠ざかったからである。

「自由の刑」の恐ろしさを知らなかった筆者は、不覚にも、退職後の活動を退職時に決めていなかった。

日常の活動を失えば、日々の目標も、やることも、行くところも、人々との交流もなくなる。日々の目標を失えば、無聊に食い殺される。食欲を失い、眠りが浅くなり、人生に対する興味や関心を失う。そうして遂に、うつ病の半歩手前まで行ったのである。

「自由の刑」こそが「定年うつ病」の原因であることはほぼ間違いない。職を離れることが、多くの人の「生きがい」(「居がい」と「やりがい」)を奪うことになるからである。精神

自分を支えていた人間交流まで失えば、「孤立」に繋がるのもまた当然である。

科医が、「定年うつ病」を「生きがい喪失症候群」と呼んだのは、実に的確な指摘である。高齢期の「ひきこもり」の原因もきっと同じである。

社会的存在である人間が、社会から離れて、新しい「やりがい」、新しい人間関係の縁を見いだすことは至難の業である。「人生50年時代」の束の間の隠居ならともかく、延々と続く高齢社会の隠居は、多くの定年者に、「生きがい」を喪失させ、人々を「無聊」と「孤立」の危機に追い込むからである。

子育てを終えた母についても同じことが起こる。アメリカでは、子育てが終わって目標を失った母たちの「自由の刑」を、「空の巣症候群」と呼んだ。

隠居文化はただでさえ、高齢者を世間から切り離す。人間の心身の機能を維持するためには、ほどほどの変化と負荷が不可欠なのに、隠居文化には変化を導入する発想が少ない。楽をして好き勝手に暮らすことが、一時的に、解放感と自由をもたらしたとしても、数年のうちに老化は一気に加速する。

医学は、「寝たきり老人」は「寝かせきり老人」の結果であると発見した。「寝かせきり」は活動の停止だから、原理的に「使わない機能」は「使えなくなる」という結果をもたらすのである。それが「廃用症候群」である。英語では「Disuse Syndrome」と言う。

直訳すれば、「使わない症候群」になる！　英語は、端的に老衰の原因は「使わないからだ」と指摘している。楽隠居も廃用症候群も、ともに、老化を加速させ、年寄りを滅ぼす概念である。

高齢者に「楽隠居」発想が蔓延すれば、個人の健康寿命が伸びないだけに留まらない。高齢者福祉の財源で国家財政も破綻する。消費税を何度も上げなければならないのは、現に、事態はそうなりつつあるということである！

8　精神の固定化を防げ！

定年者が、意識的・計画的に自分の役割を作り出せなければ、必然的に社会から「孤立」する。定年者の地域デビューが大事なのはそのためである。「無用人」が厄介者に転落すれば、ときには家族からも孤立する。「居場所」がなくなるとはそういうことである。

筆者がそうであったように、活動から離れれば、必然的に外部刺激を失う。役割も刺激もないのに、自分を動かすエネルギーを作り出すことは至難の業である。隠居暮らしを選んで、自分の役割や居場所を作り出せなかった人は、無聊の日々に沈みこみ、ときに、引きこもって世間にも人生にも背を向けることになる。

高齢者の社会参画が重要なのは、社会との関わりが必ず何らかの役割や活動を生み出すからである。そして「役割」と「活動」こそが、新しい交流の縁や生きるエネルギーを作り出すのである。これまで何度も書いてきたが、「元気だから活動するのではない。活動しているから元気を保つことができる」のである。

脳には「状況依存性」という性質があるという。難しい医学概念だが、平たく言えば、同じ状況の中だけで暮らしていると、その暮らし方が「癖」になり、「惰性」になるということである。繰り返しは「習慣」となり、中身によっては、ときに危険なのだ。「状況依存」とは、同じことを繰り返し、同じ生活リズムで暮らし続けていると、そこから抜けられなくなるという性質である。「ギャンブル依存」などもその極端な事例なのかもしれない。

確かに、身の回りでも、パチンコにはまって抜け出せなくなった人のことを何回か聞いたことがある。

アメリカの成人教育学者ペックは、こうした状況を「精神的固定化」と呼んでいる。発想も好みも固まってしまって、「昔やったようにしかやれなくなる」という現象である。自律性を失い、周りの変化に対応できなくなるのはそのためだろう。

多くの医者は「規則正しい生活」を勧めるが、高齢者にとって、変化のない、単調な生活は、ときに、危険なのである。

とにかく、隠居となって、社会から離れ、活動から離れれば、「状況依存」や「精神的固定化」をもたらす危険性が高い。対処法は、両者とも同じである。第一は暮らしに「変化」をもたらすこと、第二は心身への適切な「負荷」をかけ続けることである。

換言すれば、精神の固定化を防ぐ対処法はたった一つ、「これまでやったことのないこと」をやってみることである。具体的には、「行ったことのないところへも行ってみる」、「読んだことのない本も読んでみる」、「着たことのないファッションにも挑戦してみる」、「食べたことのないものも食べてみる」などである。中でも、「会ったことのない人に逢い、知らない人と語ってみれば」、精神的固定化は予防できる。社会的活動が大事なのはそのためで、隠居が危険なのも生活に変化がなくなるからである。

9　高齢期の「手入れ」とは、何をどうすればいいのか?

筆者は、病弱で、少年期に大病して以来、大人になってからもあまり丈夫ではなかった。その筆者が執筆や講演をしながら後期高齢期を無事に迎えられたのは、高齢期に入ったころから、いろいろ人生の事件が連続して、懸命にがんばるしかなく、「楽」をしなかったからだと思う。

筆者の前期高齢期は、定年前の退職から始まって、妻の早逝まで、人生最悪の事件が次々と起き、毎日が戦いになった。偶然のことだが、結果的に、頭を使い、身体を使い、気を使い、前期高齢期を戦って生きた。結果的に、心身の「負荷」が大きかったのである。

今になって、振り返って見ると、個人的で、偶然のことであるが、前期のがんばりが、後期の健康と意欲につながったことは明らかである。厳しい課題の多かった「前期高齢期」は、結果的に、筆者の幸運だったのである。筆者も、もちろん、退職後は人並みに、悠々と、自分の好きなことをして暮らしたいと思っていた。しかし、偶然の条件が重なって、「楽」はできなかった。結果的に、筆者に「隠居」は叶わず、それが幸いしたのだから、人生というものは誠に不思議なものである。

もちろん、人生の事件と事故は、筆者の一身に起こった偶然にすぎない。しかし、「頑張った前期」が、「後期の健康寿命につながる」という原理は、筆者個人に限らず、高齢者全体に当てはまると思うようになった。

それゆえ、逆に、前期高齢期に人生をがんばらなかった人は、後期高齢期までもたない危険性があるのではないか、と考えるようになった。「もたない」という中身は、ボケや老衰が加速して、「生活不活発病」に苦しむということである。

筆者は、何とか健康で「後期高齢者」となり、もうすぐ80歳になるが、日本人男性の健康寿命は71歳を超えたばかりである。子どもの頃からの「病弱者」としては、80歳現役は「上出来」と言っていいであろう。筆者は、この過程で、隠居文化の危険性に気づいたのである。

高齢期の「始めに楽をすれば」、「後期高齢期に倒れる」という一般原理があると言って過言ではない。

日本文化では、「がんばって」生きる現役時代から、「のんびり楽する」定年後への転換が「隠居」の雰囲気である。だから、隠居は多くのみなさんの憧れになるのだ。しかし、隠居の暮らしこそが後期高齢者没落の原因になる。「のんびり楽する」というライフスタイルが、「健康寿命」を伸ばせない原因でもある。

医者は細かい「養生論」をいろいろ言うが、高齢者の活力維持は、原理的には、「社会から離れず」、「活動を止めず」、「楽をしない」である。日々の暮らし方は「読み、書き、体操、ボランティア」に尽きる。

あとがき――「みそぎ」も「おはらい」も、我が生活を律した無自覚の神道慣習であった

アメリカから訪ねてきた孫が日本で一番興味を持ったのは「ウォシュレット」だった。象徴的なことだと感じた。調べてみたら、もともとは、医療用にアメリカで開発されたものだとネットにあったが、それを活用したのはＴＯＴＯやＩＮＡＸ（現ＬＩＸＩＬ）という日本企業である。これらの企業が、意図的に神道を活用したわけではなかろうが、日本人はこのアイディアに飛びつき、あっという間に国中に広がった。広がり方が異常な速さである。

こんな素晴らしいものが、なぜ海外に広がらないのか。それぞれのお国事情の説明を読んだが、誰も神道との関係に触れていない。筆者は、日本普及の原点は「みそぎ」発想だと考えている。日本人は清潔な尻を宗教的に尊んだのである。ウォシュレットは「みそぎ」の変形なのである。

それゆえ、「みそぎ文化」の存在しない国には、情報が広がらず、また、人々の関心も低いのである。

80歳に近づき、日本文化に興味が涌き、図書館にある神道の参考書を読み進めてきたら、日本の神は「穢れを嫌い」、「清潔・静謐を好む」とあった。遅まきながら、筆者に限らず、日本人が綺麗好きなのは、神道慣習が淵源だと気づいた。

身辺を清潔に保つことで、悪い霊を寄せ付けない効果が期待できるということであった。日本人の潔癖に近い入浴や掃除の習慣は「みそぎ」や「おはらい」発想の影響に違いない。当然、現代でも、神社はいつも綺麗に掃き清められている。田舎に住んでいる友人が、「今年はお宮の当番で……」と言っていたことも、集落が神社の静謐と清潔を守っているに違いない。

何も知らないで、80歳まで生きたが、義務教育学校が子どもに掃除をさせるのも、わが子ども時代、大人たちが夏休みに神社掃除をさせたのも淵源は神道の「おはらい文化」にあるのであろう。

入浴は「みそぎ」、神社の手水で手を洗うことも、お客様へのおしぼりも、原点は「みそぎ」だという。「みそぎ」も「おはらい」も、清潔を保つことで自身を「浄化し」、「神を呼び寄せ」、「災厄」を寄せつけないようにするのだという。

幼い頃の筆者に、父が店先を掃除させたのも、「おはらい」だったのだと今になって合点がゆく。掃除はそれ自体が、悪を祓い、自身を清め、神を呼び寄せることである。神道の神は、森羅万象、清潔で美しい自然の中に宿る。街の中で暮らしていて、清潔で美しい自然の状態を作ることができない場合は、「おはらい」や「みそぎ」をして、少しでも清潔な状態に近づけるということであろう。日本人のおしぼりや風呂好きの根っこは「みそぎ」であり、掃除は「おはらい」だということに遅まきながら納得した。大晦日の大掃除を「大祓」という理由もわかった。トイレには神様がいるという話もわかった。修養の一環で、社会運動にもなった「トイレ掃除」も根本はおはらい・みそぎ発想なのだろう。

自覚も意識もしなかったが、こと「みそぎ」と「おはらい」に関する限り、筆者は神道文化の中で生きてきたことをありがたく痛感している。

あとがきのあとがき――消化できなかった2つの指摘

第一は、美醜混交の日本文化について、である。中島義道氏は、日本人個々の生活は清潔で美しくても、日本のまちはひどく「醜い」、とお怒りである。しかも、個々人の暮らしにおいて、美や清潔にこだわる人々が、まちの醜さにこだわらないのはどうしたことか、とおっしゃる⁉ まちを掻き乱す騒音にも、乱雑な風景にも誰も抗議しない、と言っている。乱雑なまちの風景写真まで添えて、証拠を突きつけられると、なるほど醜い。誠に氏の指摘の通りである。

中島氏は、要するに日本人は、美に敏感であると同時に『醜』を排除しない体質の民族なのだという（＊1）。美醜混交の矛盾は、どこからきて、なぜなのか、筆者にはわからない。「祭りが典型的」だ、と中島氏は言うが、「お花見」などの雑然たる風景も美醜混交である。

「罪・穢れ」を恐れ、清浄と静謐を尊ぶ日本人がなぜそうなるのか、いろいろ読んでみたが、筆者の能力で、納得できる答は得られなかった。

第二は、「部品交換型」文化という指摘である。

鈴木孝夫氏は、日本社会は奴隷制度を持ったことがなく、家畜の生態改良の経験も浅い、と言い、それは魚介文化のゆえである（p78～79）としている。魚介文化には、家畜文化と違って、「相手（対象）を支配しようとする意思がない」。一方、家畜文化では、「家畜の行動を制御しなければ、家畜を飼う意味がない」。それゆえ、家畜文化は、支配者と被支配者の明確な区別を生み出した、と指摘する。去勢、入れ墨などの「生体加工」は家畜文化の特徴である、という。ここまではよく理解できた。

ところで、稲作・魚介文化で暮らす日本人は、「良いものは良い」と受け入れる自己否定のできる人々である、という。外国の利点を取り入れるためには、自国の文化をどこか否定しなければならなくなるが、自国の文化を全否定するわけではない。日本社会は、部分的に外国のよいところを取捨選択する「部品交換型」の文化（＊2）であるという。使えるところだけ使うというのであれば、「和魂洋才」という言い方に似ているが、部品は替えても車体は変えない、という。これも神道の影響なのだろうか。

＊1　中島義道『醜い日本の私』新潮選書　２００６年　p20
＊2　鈴木孝夫『日本人はなぜ日本を愛せないのか』新潮選書　２００６年　ｐ１５０

著者紹介

三浦清一郎（みうら・せいいちろう）

三浦清一郎事務所所長（生涯学習・社会システム研究者）。

米国西ヴァージニア大学助教授、国立社会教育研修所、文部省を経て福岡教育大学教授。この間フルブライト交換教授としてシラキューズ大学、北カロライナ州立大学客員教授。

平成３年福原学園常務理事、九州共立大学・九州女子大学副学長。

その後、生涯学習・社会システム研究者として自治体・学校などの顧問を務めるかたわら月刊生涯学習通信「風の便り」編集長として教育・社会評論を展開している。最近の著書に『明日の学童保育』、『「心の危機」の処方箋』、『国際結婚の社会学』、『教育小咄～笑って許して～』、『詩歌自分史のすすめ』、『「消滅自治体」は都会の子が救う』、『隠居文化と戦え』、『戦う終活～短歌で啖呵～』、『子育て・孫育ての忘れ物』、『不登校を直す　ひきこもりを救う』、『老いてひとりを生き抜く！』、『「学びの縁」によるコミュニティの創造』、『差別のない世の中へ』、『高齢期の生き方カルタ』、『子どもに豊かな放課後を』（いずれも日本地域社会研究所）がある。福岡県生涯学習推進会議座長、福岡県社会教育委員の会議座長、中国・四国・九州地区生涯学習実践研究交流会代表世話人などを歴任。

次代《じだい》に伝《つた》えたい　日本文化《にほんぶんか》の光《ひかり》と影《かげ》

2019年12月9日　第1刷発行

著　者　三浦清一郎《みうらせいいちろう》
発行者　落合英秋
発行所　株式会社 日本地域社会研究所
〒167-0043　東京都杉並区上荻1-25-1
TEL　(03)5397-1231(代表)
FAX　(03)5397-1237
メールアドレス　tps@n-chiken.com
ホームページ　http://www.n-chiken.com
郵便振替口座　00150-1-41143
印刷所　中央精版印刷株式会社

ISBN978-4-89022-252-0

日本地域社会研究所の好評図書

小野恒ほか著・中川恵一監修…がんの治療法は医師ではなく患者が選ぶ時代。告知と同時に治療法の選択をせまられる。正しい知識と情報が病気に立ち向かう第一歩だ。治療の実際と前立腺がんを経験した患者たちの生の声をつづった一冊。

前立腺がん患者が放射線治療法を選択した理由
がんを克服するために

46判174頁/1280円

中本繁実著…細やかな観察とマメな情報収集、的確な整理が成功を生む。アイデアのヒントは日々の生活の中に埋もれている。好きをお金に変えようと呼びかける楽しい本。

こうすれば発明・アイデアで「一攫千金」も夢じゃない!
あなたの出番ですよ!

46判205頁/1680円

三浦清一郎著…「やること」も、「行くところ」もない、「毎日が日曜日」の「自由の刑(サルトル)」は高齢者を一気に衰弱に追い込む。終末の生き方は人それぞれだが、現役への執着は、人生を戦って生きようとする人の美学であると筆者は語る。

高齢期の生き方カルタ
~動けば元気、休めば錆びる~

46判132頁/1400円

久恒啓一・八木哲郎著/知的生産の技術研究会編…梅棹忠夫の名著『知的生産の技術』に触発されて1970年に設立された知的生産の技術研究会が研究し続けてきた、知的創造の活動と進化を一挙に公開。巻末資料に研究会の紹介も収録されている。

新・深・真 知的生産の技術
知の巨人・梅棹忠夫に学んだ市民たちの活動と進化

46判223頁/1800円

宮﨑敏明著/地球対話ラボ編…東日本大震災で甚大な津波被害を受けた島の小学校が図画工作の授業を中心に取り組んだ「宮古復興プロジェクトC」の記録。災害の多い日本で、復興教育の重要性も合わせて説く啓蒙の書。

大震災を体験した子どもたちの記録

A5判218頁/1389円

斉藤三笑・絵と文…近年、東京も国際化が進み、町で外国人を見かけることが多くなってきました。日本に来たばかりの生徒も、この本を見て、すぐにみんなと将棋を楽しんだり、将棋大会に参加するなんてこともできるかもしれません。(あとがきより)

日英2カ国語の将棋えほん
漢字が読めなくても将棋ができる!

A4判上製48頁/2500円

※表示価格はすべて本体価格です。別途、消費税が加算されます。